イラストレート
人間関係の心理学
第2版

齊藤 勇 著

誠信書房

各章扉写真：齊藤 勇
イラスト：酒井 智夏 ［㈱エイブルデザイン］

は じ め に

　本書は，人間関係について，心理学の知識を分かりやすく書いた対人心理学の入門テキストです。人間関係の心理には興味があるが，心理学の本は難しそうで，と思っている人も多いので，そんな食わず嫌いの人をなくすように，特に説明を分かりやすく平易に執筆し，また，イラストや図表，写真などを多用し，親しみが持てるように編集しました。また，人間関係の心理をどのように研究しているかが“体験的”に分かるように，本文の右頁には，実験や調査などの研究例を一つひとつトピックスとして取り上げ，できる限り詳しく実証の手続きを説明しています。これにより，実験や調査をバーチャルに体験できるのではないかと期待しています。

　本書の内容的特徴は，人間関係について，主に実験社会心理学の知識を紹介している点です。人間関係の心理学といった場合，一方にカウンセリングなど臨床心理学的な観点に立ち，人間関係から生じるこころの悩みに焦点を合わせて治療的に見ていくアプローチがあります。しかし，本書では日常の人間関係において生じる対人行動の心理プロセスやそのメカニズムに焦点を合わせて，それを実証的にアプローチしている研究を中心に紹介していきます。

　本書は大きく四つの分野に分かれています。第一は，人間関係場面での自己についての知識で，これを第1章で見ていきます。公的自己意識など周りの人と自己との関係から注目されている分野です。第二は，2人の人の出会いから親密になるまでの対人関係の相互作用のプロセスと対人コミュニケーションについてです。これを第2章と第3章で見ていきます。第三は，本書の中心的部分で対人的好悪，援助行動，支配-服従関係，攻撃行動など，具体的な対人心理と対人行動についてです。各々の人間関係を第4章から第7章まで章ごとに見ていきます。第四は，集団のなかの人間関係です。これを

最後の第8章で扱います。この分野も社会的アイデンティティなど，最近改めて注目されています。

　人は本来，社会的動物なので，人を求め，人間関係を求める傾向を強く持っています。しかし，社会の都市化やIT化は，逆に人を個人的，独立的に方向づけています。そのことが，現代社会における人間関係の葛藤や難しさを生む一因になっているのです。

　本書は，そんな難しい状況にある現代人の人間関係を科学的にアプローチしている，対人・社会心理学の知見を紹介していきます。人間関係の心理の理解を深め，より良い人間関係を築き上げる一つのステップにしていただければ幸いです。

　　　2000年6月

齊　藤　　勇

第 2 版発行に際して

　『イラストレート人間関係の心理学』は，幸い好評を得て，入門書として多くの人に手に取っていただきました。また，多くの大学や短大でテキストとして採用していただき，毎年のように版を重ねてきています。すでに発行から 15 年が経ち，この間にも，人間関係に関する心理学の新しい理論が展開され，また実証的研究がなされてきています。そのため，それらの知見を本書に盛り込む必要性を感じていました。幸い出版社の快諾を得て，このたび大幅な改訂を行うことができました。

　改訂に際しては，本書は平易さと簡便さが特徴であるので，説明をさらに分かりやすくし，頁の増加は最小限に抑え，基本的な項目を網羅しつつ新しい知識も加えるという姿勢で，改訂に取り組みました。初版と同様，読者のお役に立てれば幸いです。

　　　2015 年 10 月

　　　　　　　　　　　　　　　　　　　　　　　　　齊 藤　　勇

目　　次

はじめに　*iii*

第2版発行に際して　*v*

第1章　人間関係のなかの自己 ———————————————— *1*

　1　人間関係のなかの自己　*2*

　2　自己意識理論　*2*

　3　自己評価　*8*

　4　社会的比較　*10*

　5　自己確認過程　*16*

　6　セルフ・モニタリング　*16*

　7　自己評価維持モデル　*18*

●第1章のトピックス●

1-1：ハスの視点の移動による自己意識の実験　*3*

1-2：グリーンバーグとピジンスキーの抑うつ的自己意識スタイルの実　　　　験　*5*

1-3：フェニグスタインの自己標的バイアスの研究　*7*

1-4：バーグラスとジョーンズのセルフ・ハンディキャッピングの実験　*9*

1-5：テーラーとフィスクの顕著性の実験　*11*

1-6：モースとガーゲンの自己評価の社会的比較実験　*13*

1-7：スワンとリードの自己確認過程の実験　*15*

1-8：アイクスとバーンズのセルフ・モニタリングの実験　*17*

1-9：テッサーとポーラスの自己評価維持モデルの実験　*19*

目　次　vii

第2章　出会いからの人間関係の展開 ──────── *21*

1　親和行動　*22*

2　第一印象　*24*

3　自己呈示と印象管理　*28*

4　自己開示　*29*

5　人間関係の親密化　*32*

　　1）　レヴィンガーの親密度の4段階発達論　*32*

　　2）　アルトマンの社会的浸透理論　*36*

　　3）　スタンバーグの愛の三角理論　*36*

●第2章のトピックス●

2-1：シャクターの親和欲求の実験　*23*

2-2：ガーゲンらの完全暗室の中での行動観察　*25*

2-3：ケリーの講師第一印象のフィールド実験　*27*

2-4：ジョーンズらの取り入りの迎合実験　*31*

2-5：ルービンの自己開示フィールドの実験　*33*

2-6：マースタインのSVR理論　*35*

2-7：リーの恋愛の6類型　*38*

第3章　言語的・非言語的コミュニケーション ———— *39*

1　非言語的コミュニケーションの感情伝達力　*42*

2　アイ・コンタクト　*46*

3　対人距離とパーソナルスペース　*48*

4　言語的コミュニケーション　*52*

5　eコミュニケーション　*54*

●第3章のトピックス●

3-1：エクマンの表情判断の比較文化的研究　*41*

3-2：マタラゾらのうなずきと発言量の面接実験　*43*

3-3：ヘスの瞳孔の大きさと魅力の実験　*45*

3-4：エイヴェリルの感情の社会的構築主義理論　*47*

3-5：クックの座席の選び方の空間心理実験　*49*

3-6：アシュトンらの対人距離と対人感情の実験　*51*

3-7：バーンランドの対人接触度の日米比較調査　*53*

3-8：ネガティブ・コミュニケーション　*55*

目　次　ix

第4章　好きと嫌いの人間関係 ―――――――――― 57

1　好意的人間関係　*58*

　　1）　自尊心の是認と互恵性　*58*

　　2）　類似性と相補性　*62*

　　3）　自己評価の高低　*66*

　　4）　ルックスの魅力　*68*

2　嫌悪的人間関係　*74*

●第4章のトピックス●

4-1：ザイアンスの好意の単なる接触理論　*59*

4-2：アロンソンとリンダーの好意の互恵性の実験　*61*

4-3：バーンとネルソンの意見類似性と好意の実験　*63*

4-4：ハイダーのバランス理論　*65*

4-5：セイフリードとヘンドリックの性差の相補性と好意の実験　*67*

4-6：ウォルスターの好意の自尊理論の実験　*69*

4-7：ウォルスターらのコンピュータ・デート実験　*71*

4-8：シーガルの物理的近接性と友人形成の実験　*73*

4-9：ダットンとアロンの生理・認知説の吊り橋実験　*75*

第5章　援助の人間関係 ―――――――――――――――――――――― 77

1　援助行動の心理　*78*

2　援助行動研究の出発点　*78*

3　援助行動の理論　*80*

4　援助する心理　*82*

5　援助と好意の関係　*88*

6　援助を求める側の心理　*92*

●第5章のトピックス●

5-1：ダーリーとラタネの援助と責任分散の実験　*81*

5-2：ラタネとダーリーの援助行動への集団的抑制の実験　*83*

5-3：ガーゲンらの援助と好意の比較文化的心理実験　*85*

5-4：バトソンらの共感利他行動の実験　*87*

5-5：フェスティンガーの認知的不協和理論　*89*

5-6：カニンガムらの援助の二つの心理プロセスの実験　*91*

5-7：ウィリアムズらの社会的インパクトの実験　*93*

目　次　xi

第6章　支配と服従の人間関係 ——————————————— *95*

1　社会的勢力と支配的行動　*96*

　1）　強制的勢力　*97*

　2）　報酬的勢力　*100*

　3）　正当的勢力　*102*

　4）　準拠的勢力　*102*

　5）　専門的勢力　*104*

　6）　情報的勢力　*104*

2　服従の心理実験　*106*

●第6章のトピックス●

6-1：ジンバルドらの刑務所シミュレーション実験　*99*

6-2：キプニスの権力者の堕落実験　*101*

6-3：フリードマンとフレイジャーの二段階要請法の実験　*103*

6-4：マルダーとウィルクの参加とパワー平準化の実験　*105*

6-5：ミルグラムの"記憶"実験　*107*

6-6：ミルグラムの服従実験　*109*

6-7：ミルグラムの権威への対抗の集団実験　*111*

第7章　攻撃と対立の人間関係 ─────────────── *113*

1　攻撃行動の分類　*114*

2　攻撃行動起因の理論　*116*

　1)　攻撃本能説　*116*

　2)　フラストレーション攻撃説　*118*

　3)　攻撃手掛かり説　*120*

　4)　攻撃学習説　*120*

　5)　攻撃の社会的構築理論　*122*

3　対立的状況と対立的行動　*124*

●第7章のトピックス●

7-1：エイヴェリルの怒りの情緒と攻撃行動の関連調査　*117*

7-2：ジルマンらの攻撃の興奮転移理論の実験　*119*

7-3：バーコウィッツとジーンの攻撃手掛かり理論実験　*121*

7-4：バンデュラらの攻撃行動観察学習の実験　*123*

7-5：レイブンとイークスの相互依存関係の水準器実験　*127*

7-6：ドイッチの囚人のジレンマの実験　*129*

7-7：ドイッチとクラウスのトラッキング・ゲーム実験　*130*

目　次　xiii

第8章　集団のなかの人間関係 ―――――――――― 131

  1　集団の人間関係の魅力　*132*

  2　集団凝集性と集団圧力　*133*

  3　リーダーシップ　*134*

    1）リーダー才能説　*136*

    2）リーダーシップ集団機能説　*138*

    3）変革型リーダー説　*139*

  4　集団における社会的認知の錯誤　*140*

    1）内集団ひいき性　*140*

    2）外集団認知の錯誤　*142*

    3）外集団同質性知覚　*142*

    4）フォルス・コンセンサス　*144*

●第8章のトピックス●

8-1：アッシュの同調行動の実験　*135*

8-2：レヴィンによるリーダーシップの型の研究　*137*

8-3：モスコビッチのマイノリティ・インフルエンスの実験　*141*

8-4：ワラックらの討議におけるリスキー・シフトの実験　*143*

8-5：リービットのコミュニケーション・ネットワークの実験　*145*

8-6：オウクスとターナーの社会的アイデンティティ理論の実験　*147*

8-7：ハミルトンとギフォードの誤った関連づけの実験　*148*

  文　献　*149*

  事項索引　*155*

  人名索引　*158*

第1章
人間関係のなかの自己

1　人間関係のなかの自己

　大きな鏡に自分の全身像を映し，自分を見てみよう。何か気恥ずかしくないだろうか。自分の姿を見ると，髪をかきあげたり，服が気になったりしないだろうか。それは，自分を，もうちょっとカッコよく見せたい，と思う気持ちが働くからである。

　鏡に映った像は，自分を外から見たときの自分の姿である。そして，その姿は，人間関係において相手から自分がどう見られているか，相手が自分をどう見ているかを映し出している。大きな鏡を見たとき，自分はなかなかだと自分に満足する人もいるが，たいていの人は鏡に映された現実の姿が自分の理想より少々劣るので，居心地が悪くなるのである。このように，鏡に映る自分を見るような状況を**客体的自己注視**という。この場合，私たちは自分自身の外見を強く意識している。

　私たちが自分自身を対象視して自分に対して持つ認知を，自分についての意識ということで**自己意識**という。人がどのように自分自身を見ているか，つまりどのような自己意識を持っているかは，その人の対人関係に非常に大きな影響を与える。そこで本書では，まず自己意識と人間関係から見ていくことにする。

2　自己意識理論

　人の注意，つまり意識は，通常外に向いている。読書をしているときは本に，球技をしているときはボールに目が向いている。人と話しているときも，そのときの話題や相手に意識が向いている。このように，通常は注意が外の世界や他の人に向いていて，自己への意識は低下している。しかし，大勢の人に注目されたり，鏡で自分の姿を見たりしたときは，注意が自己に向かう（この状態を**自己注目**と呼ぶ）。このようなときには，自己意識が高まることになる。

　自己意識には，自分の考えや性格についての意識（私的自己意識）と，自分の容姿，服装，動作などについての意識（公的自己意識）がある。

> **トピックス 1-1**

額に利き手の人指し指で「E」と書いてみてください

●ハスの視点の移動による自己意識の実験●

　自己意識とは，自分を意識することである。通常，私たちの視点は，外の世界を見ている。自己を見るときは視点を外側に移すことになる。

　ではここで，突然だが，自分の額の真ん中に利き手の人指し指で「E」の字を書いてみてほしい。

　このとき，実は，二通りの書き方がある。一つは，他の人から見て，正しく見える向きで「E」を書く書き方と，もう一つは，自分の内側から見て，正しく見える向きで「E」を書く書き方である。

　自己意識の高いときは自己を外側から見ているので，他の人から正しく見える向きに「E」を書き，他方，自己意識の低いときは自分の内側から正しく見える向きを書くので，「E」は他の人から見ると裏返しになる。ハスの研究はこれを実験的に検証している。

　実験では自己意識の高低をビデオカメラを用いて操作した。人はカメラを向けられると自己意識が高まる。そこで，高い自己意識条件の場合，実験者は「実験様子を心理学の授業で紹介したいので，カメラで撮影する」と言い，実際設置されているカメラを斜め前方から参加者に向けた。低い自己意識条件でもカメラは置いてあるが，コードは外されており参加者にも向いておらず，別な実験のための設備であると説明した。

　この二つの条件下で，自分の額の上に利き手で「E」という字を書くように指示した。

　実験の結果，カメラを向けられた高い自己意識条件では55％の人が外から見て正しいEの字を書いた。他方，低い自己意識条件では外から正しく見える向きのEを書いた人は18％と少なかった。

　ところで，日本人を対象にこの実験を行った結果，カメラなしでも，外から見て正しいEを書く人が多かった。このことから日本人は自己意識が高い傾向があることが示された。

> **! POINT**
>
> ## 自己意識
>
> ❶ 私的自己意識   ❷ 公的自己意識

　私的自己意識は自分自身の感情や思考についての意識である。自分で自分の心の中を注意し，意識することであり，自分には比較的容易に知ることができる。反対に，他の人には分からない部分である。その意味でプライベートな意識である。私的自己意識とは，たとえば，日記を書いているとき，自省しているときの自己意識である。一方，**公的自己意識**とは，自分の外見や行動についての意識で，外から見える自分についての意識である。このため，他の人からも容易に見られる部分についての意識である。どちらの自己意識も重要であるが，対人場面においては特に公的自己意識が大きな影響を及ぼすと考えられ，この分野の研究が進められている。

　研究では公的自己意識を実験的に高めるために，たとえば，目の前に鏡を置いたり，他人に見つめさせたり，あらかじめ録音していた本人の声を聞かせたりなどする。すると，注意が自分に向き，公的自己意識が高くなる。こうした実験から，ウイックランドとデュバルの研究は，自己に注意が向かうと現実の自己と理想の自己との食い違いがより強く意識され，そのため自己評価が低下し，不快な感情が生み出されるとしている。このとき，この不快感をなくそうとして，心理的に次の2種類の動機が生じる。

　一つは，自分を理想に近づけようとする動機である。たとえば鏡に映った自分を見たり，他の人に見つめられたりしていると，男性はより紳士的な行動をとるようになる。実際，鏡や観察者の存在，さらには，右下の図のような単に人の二つの目を模したものを置くだけで，寄付など向社会的な行動が増え，反社会的な攻撃が抑制されるという諸々の実験結果がある。もう一つは，自己への注視をなくそうとして，そのような状況から逃げ出そうとする動機である。これについては，女性か

トピックス 1-2

失敗した自分を意識し続け，落ち込んでいく人

●グリーンバーグとピジンスキーの抑うつ的自己意識スタイルの実験●

　人は通常，成功したときは大いに喜び自己を注視し，逆に，失敗したときは，自分に目をそむける傾向がある。しかし，なかには，失敗したときに自己に注意を向け，成功したときは自己から注意をそらすという人もいる。そのような自己意識スタイルのことを**抑うつ的自己意識スタイル**と呼ぶ。このような自己認知スタイルは，その人の自己評価を低迷させ，抑うつ感を増大させる原因になる。そのことを実証しているのが，グリーンバーグとピジンスキーの研究である。

　参加者の大学生は，まず抑うつ尺度により抑うつ傾向の高群と低群に分けられる。実験室では，参加者はまず，言語的知能を測定するとの名目で20問のアナグラム課題を解いた。このとき，あるグループは簡単な4文字課題を解く。これが成功条件である。別のグループは正解のない問いを含む難解な5文字課題を解く。これが失敗条件である。その後，自己意識を測定するため，未完成の30の文章を自由に補完，完成させる文章完成課題を行った。

　実験の結果，抑うつ傾向の高い人のほうが自己意識が高いこと，また成功条件に比べ失敗条件のほうが自己意識が高いことが明らかになった。しかし，この実験では，高い抑うつの人が失敗したときに自己意識が高まり，低い抑うつの人は成功したときに自己意識が高まることはなかった。

　そこで，アナグラム終了後，しばらく時間をおいてから自己意識の程度を測定すれば予測どおりの結果が得られると考え，再実験を行った。基本的な実験手続きは最初の実験と同じであるが，アナグラム課題の成功失敗の後に，気分転換と時間稼ぎのために物語の朗読をさせた。

　再実験の結果，アナグラム課題直後の自己意識は最初の実験結果と同じで，抑うつ傾向の高低にかかわらず成功条件より失敗条件において高い傾向を示していた。しかし，時間をおいた朗読後の自己意識は，抑うつ傾向の低い人は失敗条件より成功条件のほうで高く，逆に抑うつ傾向の高い人は成功条件よりも失敗条件のほうが高い傾向が認められた。抑うつ傾向の高い人は課題の失敗後，時間の経過や気分転換の操作があったにもかかわらず，失敗した自己への意識が続いていたのである。こうした自己意識スタイルが，反応性うつ病の発生に関与していることが示唆された。

ら拒否された男性は自分の声を聞きたがらないという実験結果がある。公的
自己意識は対人不安や他者からの評価と深く関わっているため，攻撃的行動
や協力的行動など，対人行動に大きな影響を与えるのである。

! POINT

公的自己意識が高まったときの動機

❶ 現実の自己像を理想の姿に近づけようとする動機
❷ 逃げ出そうとする動機

　この自己意識は人によってその高さが異なり，日常的に自己意識が高い人
と低い人がいる。フェニグスタインらは自己への注視を個人的特性としてと
らえ，それを測定する**自己意識特性スケール**を作成している（表 1-1）。そ
して，自己意識理論を，個人の行動特徴や適応の問題にも適用している。私
的自己意識の高い人は，自分の内面への関心が強い。このため，いつも自分
のことを考えており，感受性は高く，自己をよく理解している。反面，人間
関係への関心が薄い。一方，公的自己意識が高い人は，自分が人にどう見ら
れるかへの関心が高い。このため，容姿，服装，動作，発言，相手の反応な
ど，自分の印象を重要視する。人間関係への関心は高く，人からの評価をよ
り気にする。

表 1-1　**自己意識特性スケール例**（Fenigstein et al., 1975 をもとに作成）

1. 自分のしたことについて反省することが多い。
2. 人が自分をどう思っているのか気になる。
3. 自分の気持ちに注意を向けていることが多い。
4. 人に良い印象を与えているかが気になる。
5. いつも自分のことを理解しようと努力している。
6. 人に自分をどう見せるか関心がある。
7. いつも自分が何をしたいのかを考えている。
8. 自分の外見が気になる。
9. 自分自身の感情の変化に敏感である。
10. 自分の髪型や服装にはいつも気にかけている。

＊奇数が私的自己意識項目，偶数が公的自己意識項目である。

トピックス 1-3

自分が当てられるのではないか，と心配する人

●フェニグスタインの自己標的バイアスの研究●

自己標的バイアスとは，自分が他の人の注目や批判の対象になっていると思い込みやすい，認知的歪みのことである。フェニグスタインの研究は，自己標的バイアスが特に公的自己意識の強い人において顕著であることを，二つの実験で実証している。

実験1は，四つのクラスの大学生が参加者である。各クラスとも担当教授が1人の学生の答案について話をする。そのうち，2クラスではその答案が極めて悪いと話し（否定的評価），残りの2クラスは極めて優秀であると話す（肯定的評価）。その後，二つのクラスのうち一方のクラスはその答案が自分のものである可能性を，他方のクラスでは答案が自分の左隣の学生のものである可能性をパーセントで評定するように求めた。

実験の結果，評定の良し悪しにかかわらず，自分が該当者であると思う可能性のほうが，隣の学生が該当者であると思う可能性に比べて高かった。自己標的バイアスは，評価内容に関係なく生じるものといえる。

次に，実験2では，参加者は，自己意識特性スケールに回答の後，実験に参加した。実験室では全員が横並びに座っている。実験者が「デモンストレーションのために，このうちの誰か1人に協力してもらいます」と告げる。このとき，半数のグループは，そのデモンストレーションが楽しいものだと伝えられるが，残りのグループは，少々不快な気分を味わうことになると告げられる。その後，各条件の半数のグループは自分自身が指名される可能性を，残りのグループは右隣の参加者が指名される可能性を判断させた。

実験の結果，ここでも自分が指名される可能性は他者が指名される可能性に比べて高いが，その傾向は特に公的自己意識の高い人たちにおいて顕著であった。

自分の服装や行動が他の人が考えている以上に注目を集めていると思っていることを，特に**スポットライト効果**と呼んでいる。

3 自己評価

自己評価とは，自分に対する自らの評価である。自分自身のポジティブな面もネガティブな面を含めた，自分自身への評価である。自分は「なかなかの者」であるとか，「ダメな人間だ」など，人によって自分への評価は異なるであろう。ただし，その評価は，他の人からの評価により決まる部分が大きい。そして，この自己評価が，その人の対人的行動や社会的行動に大きな影響を与えることになる。そのため，人間関係の心理学において大事な分野になっている。

ただ，自己評価は，自らが下す評価なので，評価は客観的ではなく極めて主観的な評価で，プライドが高いとか，劣等感が強いという感情的評価を多く含んでいる。このため，自己評価というよりもむしろ**自尊心**，あるいはプライドの程度という言葉のほうがしっくりくるかもしれない。

自己評価の程度は，自分は有能であるという自信の程度や，自分は価値があるという自尊心の程度から成り立っている。この自信や自尊心が，自己評価の高低を決めているのである。では，その自信評価や自尊評価はどうやって形成されるのかというと，勉強やスポーツなどのこれまでの成果や，周りの人々からの称賛などである。なかでも，周りの人と比べ自分のほうが上か下かという近くの人との比較が，日常的な自己評価の高低（これを**特性自己評価**と呼ぶ）の形成に大きな影響を与えている。このため，子どもの頃から足が速い，成績が良いなど，周りから称賛されて育った人は，性格特性的自己評価が高いと考えられる。一方，あるとき大きな仕事を成就したり，スポーツで優勝したりなどで周りからも賞賛を浴びると，その時点で自己評価が急激

表 1-2　**自己評価スケール**（Rosenberg, 1965 をもとに作成）

1. 自分はいろいろな良い資質を持っている。
2. 自分は価値のある人間である。
3. 自分は自信がある。
4. 自分は物事を人よりうまくやれる。
5. 自分はだめな人間である。
6. 自分は敗北者だと思う。

＊1～4がポジティブ自己評価，5，6がネガティブ自己評価である。

トピックス 1-4

試験の前の晩に，ゲームをする人

● バーグラスとジョーンズのセルフ・ハンディキャッピングの実験 ●

　試験の前というのに一晩中テレビゲームをしている人がいる。実は，試験の前だからこそゲームをしているのである。なぜかというと，試験で良い点数を取れそうにないと思ったら，一晩中ゲームをやり，前もって勉強不足と睡眠不足という試験で失敗したときの口実を自分で作っておくのである。このように，失敗が予想される行動の前に，自ら，自分を不利な条件におくことを**セルフ・ハンディキャッピング**（自己ハンディ化方略）という。そうすることで，試験に失敗しても，ゲームをしていたからという理由があり，原因をそこに帰属できるため，自分は無能だということにならないのである。これにより，失敗しても自分が有能な人間であるという自己評価が傷つくのを防ぐことができる。また，もし，成功したら，勉強をしなくても良い点が取れたということで，自分の能力評価を高めることができる。

　バーグラスとジョーンズの研究は，次のようなセルフ・ハンディキャッピングの実験を行っている。

　参加者は，「薬が知的作業に及ぼす効果を調べるため，薬を飲む前後の知能検査を比較する実験である」と説明される。最初の課題は，かなり難しい20問であった。このとき，半分の参加者には解答可能な問題が与えられたが，残り半分の参加者には解答不可能な問題が与えられた。また，各群の半分の参加者には結果がすぐにフィードバックされ，20問中16問正解で，非常に優秀な成績であったと伝えられた。残りの半分の参加者には結果は伝えなかった。前半の課題終了後，実験者はこれから飲む2種類の薬（アクタビルとパンドクリン）について参加者に説明した。その際，実験者は医学的資料を示しながら，アクタビルは，知的作業を促進し，パンドクリンは知的作業を妨害することを説明する。そして参加者に，後半はどちらかの薬を飲んで知能検査を行うが，どちらを飲むか，と尋ねた。

　実験の結果，解答不可能にもかかわらず，成績が良かったとのフィードバックを受けた参加者は，知的作業を妨害する薬を選ぶ者が多かった。その理由は，パンドクリンを飲むことにより，失敗しても薬のせいにできることから，いったん上がった自分の能力評価を下げなくてもよいからと考えた，と推測できる。つまり，セルフ・ハンディキャッピングが働いたといえる。

に高まることがある。これは一時的という意味で，**状態自己評価**と呼ばれる。

　自己評価は，一般的には高い人のほうが幸せ感が強いとされ，社会に適応的であるとされている。また，欧米の研究では，大半の人が自らの自己評価をかなり高めに考えており，プライドを高く持ち，計算上は合わないが，多くの人が自分は並の人よりも優れていると思っている。ただし，この傾向は文化の影響が大きく，欧米人に多いことが明らかにされている。具体的な能力についても，多くの欧米人は，自分は他人よりもビジネス能力に長け，車の運転も上手だと考えていることが実証されている。この傾向は**平均以上効果**と呼ばれている。

　これは明らかに歪んだ認知であるが，困ったことかというと，テーラーらは，この効果を**ポジティブ・イリュージョン**と名づけ，社会でより良く生きていくには自尊幻想を持っていたほうがいい，むしろ幸せであるとしている。研究の結果も，実際そのほうが健康的でチャレンジ精神もあり，対人関係に積極的であるとされている。一方，日本人は欧米人ほど自己評価は高くないことが，比較文化研究から明らかにされている。自尊幻想を持たない日本人のほうが，現実的であるともいえよう。ただし，それは謙譲文化の言語上の表現とも考えられている。

　また，従来の研究は，自己評価の高さを問題にしてきているが，自己評価の壊れやすさ，傷つきやすさが新たな研究の対象となってきている。自己評価は高くても脆弱な人は，人からの批判に過敏で，むしろ，社会的に不適応を起こし，非行・犯罪に走りやすいという研究も見受けられる。

▌4　社会的比較

　人は，人との比較が気になるものである。人と比べるな，と言う識者もいるが，人と比較しなければ，自分の立ち位置が分からない。人は他の人と自分を比べることによって，安定した自己認識を得られる。たとえば，成績表をもらうと自分の成績を見た後，すぐに友人の成績が気になる。人と比較してはじめて，気持ちが落ち着く。自分の成績は見せたくないけれど，人の点は知りたい。70点の成績をもらってもそれだけでは何か落ち着かず，他の

トピックス 1-5

目立つ人が，リーダーである

●テーラーとフィスクの顕著性の実験●

人は自分にとって目立つ人，目につく人の行動がその状況の中心で，その状況を作り出している原因と見る傾向がある。目立つあるいは目につくことを**顕著性**といい，顕著性の高い人がその場の出来事の原因であると考えやすい。

テーラーとフィスクの研究は，2人の人が会話しているところを参加者が各々の後ろや横から観察するという下図のような実験状況を設定して，顕著性の実験を行った。

参加者は見知らぬ2人が交わす会話をA，B，Cの三つの異なった方向から観察した。2人は部屋の中央で向かい合って話している。6人の観察者は図のように，各々の会話者の後ろか，2人の横から観察した。このような位置関係だと，Aの2人には，手前のXの人は後ろ姿だけしか見えず，顔は見えない。逆に，向こう側のYの人の顔や表情は，よく見える。一方，Bの2人にはYの人の顔は見えず，Xの人の顔や表情がよく見える。Cの2人には両者が同じくらい見える。XYの2人は，5分くらい会話し，ほぼ同じくらいしゃべり，会話の内容も同じような感じであった。

さて，実験終了後，参加者にX，Yどちらの人が会話における主導権を握っていたか，その程度を聞いた。その結果，Aの2人はYの人を高く評価し，Bの2人はXの人を高く評価した。Cの2人は，両方をほぼ同程度に評定した。

同じ会話を観察したにもかかわらず，このような違いが見られたのは，顔や表情がよく見える話し手が顕著性が高く，そのため，その人のほうがリーダーシップがあると評価されやすいことを実証している。

人が何点かが気になる。

　しかし，これは他の人の点数が気になるためだけではない。私たちが一番関心があるのは自分のことで，「自分の位置」について知りたいと思っている。自分の成績の正確な評価を知りたいのである。そのために，人の成績を知りたいのである。自分の心理状態や能力をきちんと把握していること，つまり明確な自己評価を持ちたいのである。それにより，安心でき，次の対応を考えることができる。では，どんなやり方で自己評価を明確にするのかというと，それは他の人と比べることによって評価する。そこで，人のことが気になるのである。

　自分と人とを比べることを**社会的比較**という。この場合の社会的とは，対人的という意味である。たとえば，自分の身長についての評価を考えてみよう。自分の身長は何 cm であるかはスケールですぐに確かめられる。しかし，それだけでは心理的には十分ではないだろう。自分は背が高いのか低いのかが問題なのである。それは周りの人との比較によることになる。165 cm は周りの人が 170 cm 以上なら低いし，周りの人が 160 cm くらいなら高いと思うことになる。165 cm の女性は自分を背が高いと思う（評価する）が，同じ身長の男性は自分を背が低いと評価する。

　性格や能力も同じで，他の人との比較が重要となる。「自分は暗い」と思ったときの「暗い」という性格は，絶対的基準ではなく，自分の周りの仲間，ときには TV タレントと比較しているのである。人は人間関係のなかで自己を他人と比較しながら自己評価をしている。フェスティンガーは，人は快適な生活のため正当な自己評価を求めるとしている。ただし，近年の研究では，自分の能力を評価する場合は単に正確さを求めるのではなく，自尊心との関係で次のように比較対象を変える，とされている。

！ POINT

能力評価の社会的比較

❶ 自己向上的動機→上方比較　　❷ 自己防衛的動機→下方比較

トピックス 1-6

優秀な人を見ると自信をなくす

●モースとガーゲンの自己評価の社会的比較実験●

　自己評価とは，自分は有能であるかどうかという自信の程度や，自分は価値があるという自尊の感情程度を指す。では，その自己評価はどうやって決まるかというと，業績の成否と，周りの人との比較により決まってくる。自分より優秀な人と一緒にいると，自分はダメな人間だと思ってしまい，自己評価を下げる。自分よりダメな人たちと一緒にいると，自分はできると自信がつき，自己評価を上げる。

　モースとガーゲンの研究は人との比較を実験で証明している。まず，参加者（大学生）を1人ずつ実験室に呼び，自己評定質問紙に回答するように指示する。参加者が半分終えた頃，もう1人の参加者が入ってくる。実験条件によって，後から入ってくるこの参加者は二通りの異なった服装と行動をした。

　一方の条件は，秀才学生風で，きちんとした服装にブリーフケース。ケースを開けると，中は哲学や数学の本が入っている。そして，てきぱきとした行動をとり，いかにも秀才という印象を与える。もう一方の条件は，ダメ学生風で，だらしない格好をして，すべてが秀才学生風と逆である。

　最初の参加者はこのいずれかの参加者と同室で，自己評価質問紙の残りに答えることになる。実は，質問紙の前半と後半いずれも自己評価の質問である。参加者は後から部屋に入ってきた学生と自分を比較することになり，参加者の自己評価が影響を受けると予想された。結果は，秀才学生風と同室だった学生は自己評価を低下させ，ダメ学生風と同室だった学生は自己評価を高めた。

　このように，自己評価は他者との比較により，かなりの影響を受けることが実証された。さらに，自己評価は，人により安定性が異なる。元々不安定な学生は対人比較により，自己評価が，より大きな影響を受けていた。

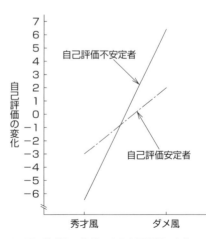

図　他者との比較による自己評価の変化
（Morse & Gergen, 1970 をもとに作成）

自分を向上させようと努力するときには，より上を目標とするため向上性動機が働き，レベルの上の人と比較しようとする。しかし，落ち込んでいるときなどは，自分を"相対的に幸福"と思いたいため**自己防衛的動機**が働き，自分より下の，より低い人と比較して，自尊心を保とうとする。人との比較により自己評価がどんなに変わるかは，モースとガーゲンの実験（トピックス1-6）で明示されている。その実験では，明確な自己評価が形成されていない不安定な人ほど，他者に影響されやすいことも示されている。

　ところで，自分の下した自己評価の確信については，たとえば背の高さのように物理的に測定できるもの（物理的リアリティ）もあるが，意見や性格についての自己評価は物理的には測定はできない。このような場合，**社会的リアリティ**に強く依存することになる。社会的リアリティとは，他の人も自分と同じだということによって得られる，真実性の確信である。つまり，自分の周りの他者，主に友人と比較することによって自己評価をするのである。大半の自己評価は社会的比較によって形成されているので，社会的リアリティは重要である。ただ，その確信を強固にしようとするため，他の人たちも，自分と同じ考えを持っていると思ってしまう。このため，自分と同じ考えの人や同じ行動をする人が，実際以上に多いと思ってしまう。これを**フォルス・コンセンサス**と呼ぶ。

　フェスティンガーは，社会的比較の考え方のなかで，私たちが社会的比較をする他者は自分とかけ離れた人よりも，自分に近い，あるいは類似している人を選びやすいとしている。それは自分と似たような人と比較したときのほうが，より正確な自己評価が得られるからである。ということは，自分の周囲に自分と似たような人が多くいればいるほど，社会的リアリティが高まり，自己評価は安定するといえる。たとえば，スノーボードのチャンピオンが自分のスノボーの能力を自己評価する場合，初心者と比較しても正確な自己評価はできない。競技のライバルと比較することにより，自己評価ができる。周りがスノボーの競技者のとき，自分の進歩のレベルがチェックできるのである。これは日常生活でも同じで，同じレベルの比較対象の人がいるかいないかは，その人の適応に関係するのである。アメリカ人女子高生を対象としたムーサとローチの研究によると，自分は美人で他の人よりも飛び抜け

トピックス 1-7

相談相手は同意してくれそうな人を選ぶ

●スワンとリードの自己確認過程の実験●

　人は自己確認に都合の良いような相手を選択して自分の"ありたい自分"を積極的に確認しようとする。それにより，主観的な自己像を維持し，安定させる。この過程をスワンとリードは**自己確認過程**と呼び，実験的に研究している。この自己確認過程において重要なのは，客観的に正確な自己評価ではなく，自分が持っている自己像を相手に確認してもらうことなのである。このため，たいていの人は自己を肯定したいので，肯定的な自己を確認をしようとし，それに合う人を捜すことになる。しかし，すべての人がそうするわけではない。否定的な自己概念を持っている人は，否定的な自己を確認しようとするのである。スワンとリードの研究は，対人場面においてこの自己確証理論を実証するために，次のような実験を行っている。

　参加者は男女大学生で，男女1組で実験を行った。まず，参加者が自分自身を好意的に評価しているか，自分を非好意的に評価しているかを調べるため，次の項目について自己評価させた。

(1)　好　意　的―非好意的
(2)　社　交　的―非社交的
(3)　おしゃべり―無　　　口
(4)　友　好　的―非友好的
(5)　親　　密―疎　　　遠
(6)　落ち着いた―不　安　定　な
(7)　外　向　的―内　向　的
(8)　開　放　的―防　衛　的
(9)　温　か　い―冷　た　い
(10)　自信がある―自信がない

　次に異性のパートナーからの評価を伝えた。このとき，好意的評価を伝える場合と非好意的評価を伝える場合を，実験的に操作した。つまり，作為的にその評価を伝えた。そして，実際にそのパートナーと2人で9分間の会話時間を持った。その後パートナーに，先ほど自己評価に用いた10の尺度で参加者の印象を評価させた。実験中，会話は録音されており，始めの3分と終わりの2分を聞き，参加者がパートナーを誉めた回数をチェックした。

　実験結果は，好意的自己評価者は非好意的自己評価者よりも，パートナーから好意的に評価された。また，自己評価と矛盾する印象をパートナーが持っていると知らされた参加者は，より自己確証的な反応を引き出そうとする傾向が見られた。たとえば，好意的自己評価者は誉めてもらいたいから，会話中にパートナーを誉めることが多かった。この結果から，人は対人関係において自己評価を確証するようなフィードバックを求めることで，自己評価を安定させようとしていることが実証されたといえる。

16

て優れていると自認している女子高生は、心理的に不安定であるという。それは飛び抜けていると比較対象がいないためである。他方、自分は平均的な容姿だと自己評価している女子高生は比較対象が多いため、心理的に安定し、適応した生活ができている、とされた。しかし、現在はインターネットやSNSによる膨大な情報が個人に直接入り込んできて、自己評価の対象が多方面にわたり、揺がされやすい状況になっている。

▌ 5 自己確認過程

悩んだときは友だちに相談したくなるが、そのとき、誰を選んで相談するかというと、誰でもいいのではなく、人は、自分の考えに賛成してくれそうな人を選ぶ傾向にある。決して自分に反対する人は選ばない。つまり、悩んでいると言っても結論は出ているのである。欲しいのは、その結論に確証を得ることである、といった場合が多い。自分の解決策を友だちに話して確認することで、安心するのである。対人的サポート（ソーシャル・サポート）が欲しいのである。

この心理過程を**自己確認過程**と呼ぶが、スワンとリードの研究はこの過程をトピックス 1-7 のような実験を通して実証している。

▌ 6 セルフ・モニタリング

私たちは自分のしている行動を、自分の頭の中でイメージしている。ときには、あたかもモニターカメラが頭の後ろにあるように自分の姿を撮って、大脳にその映像を送っていて、大脳ではそのモニターを見ながら自分の行動をチェックし、これに基づき次の行動を考えているのである。

このような自己監視を、**セルフ・モニタリング**と呼ぶ。スナイダーは、セルフ・モニタリングとは対人場面やパーティーなど社会的状況のなかで、自分の行動を客観的にとらえ、自らを監視し、その状況に合った行動をとるようにすることである、としている。そして、人は誰でも自己監視しているが、人によりセルフ・モニタリング傾向の高い人と低い人がいるとし、その

トピックス 1-8

知らない人に積極的に話しかけるタイプ

●アイクスとバーンズのセルフ・モニタリングの実験●

セルフ・モニタリングが対人的相互作用に影響することを研究するため，アイクスとバーンズは，知らない人と2人で，「実験を待つ」ということで，参加者に待合室で一緒に過ごしてもらった。そして，オーディオとビデオを使い，約5分間彼らの行動を隠し撮りした。下図のような設定である。

録画した行動をコード化して分析し，人と偶然会った場合，セルフ・モニタリングの程度が対人行動にどのように影響するのかを調べた。また，参加者はセルフ・モニタリング度を事前の調査で測定されていた。

その結果，高セルフ・モニタリングの人は進んで相手に話しかけ，積極的に会話を続けようとした。また，相手の人からは，「話をしたいという欲求が強い人」と見られていた。他方，低セルフ・モニタリングの人は，相手が話の主導権を握っていると見ていた。

高セルフ・モニタリングの人は，アメリカ人の初対面での「望ましいイメージ」どおり，積極的な役割を演じ好印象を与えるような振る舞いをしていた。低セルフ・モニタリングの人は，会話にはそれほど熱心ではなかった。それはその人らしい態度であったと考えられる。

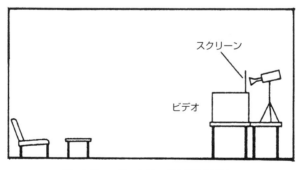

図　セルフ・モニタリングの実験室風景
(Ickes & Barnes, 1977 をもとに作成)

18

表 1-3 セルフ・モニタリング・スケール例（Snyder, 1974 をもとに作成）

1	人のマネをするのは下手である。
2	自分があまり知らない話題でも，アドリブでスピーチができる。
3	パーティーなどで人に好かれようと何か言ったり，やったりしない。
4	自分を印象づけたり，人を楽しませようとして演技をすることがある。
5	私は自分が本当に信じていることしか話せない。
6	私は状況と相手によって，まったく別人のように振る舞うことがある。
7	ジェスチャーのようなゲームやアドリブは，苦手である。
8	私は外で見せている顔と心のうちとが違うことがある。
9	人前に出ると気まずく感じ，思うように自分が出せない。
10	本当は嫌いな人でも，親しげに振る舞うことができる。

＊奇数が低セルフ・モニタリング項目，偶数が高セルフ・モニタリング項目である。

特性を測定するセルフ・モニタリング・スケールを作成している（表 1-3）。

　セルフ・モニタリング傾向の高い人は，社会的状況や対人場面において，その場に適合した行動をとろうとする。いわば，状況によって臨機応変に行動を変えるカメレオン・タイプである。社会的場面では相手や状況に応じた行動が必要なので，この傾向の高い人は，その場，その場で適合した行動をとり，社会的に適応し，人間関係もうまくやれるのである。しかし，あまりにもモニタリング傾向の高い人は，相手の動きに合わせすぎ，逆にうまくいかなくなることもある。一方，モニタリング傾向の低い人は周りの人に左右されず，また他の人の動きに関心が少なく，自分の思ったとおりに行動するタイプである。状況判断が悪いため，失敗したり，批判されたり，相手を不愉快にしたりなど，人間関係がうまくいかないことが多い。しかし，裏表なく自分の思っているとおりに行動しているので，その実直さは評価される。対人場面において，相手との関係を重視し，気配りを心がける日本人は，セルフモニタリング度が高いとされている。

▌ 7　自己評価維持モデル

　友だちの成功を素直に喜べるだろうか。自己評価は周りの人との比較によって決まる，となると，友人の成功には喜びながらも，嫉妬のような別の感情が心の中に生まれてくるのも不思議ではない。また，失敗についても，同

トピックス 1-9

自分のほうが友人より上だと思いたい

●テッサーとポーラスの自己評価維持モデルの実験●

テッサーとポーラスの研究は，人は対人関係において自尊心（自己評価）を維持するために，「反射」と「比較」という2種類の心理メカニズムが働くということを，実験的に検討している。

親しい友人を一緒に連れてくるように言われた参加者は，友人と2人で実験室に行く。そこには，同じように友人同士と思われる2人が，すでに待っている。実験者が現れ，実験は「友人の能力と未知の人との能力を評価するときの違いを見る実験である」と説明される。その課題は，ある特定能力（対人能力と芸術的センス）を測定するテスト項目に，他の人がどのように答えたかを予測するというものである。そのとき相手の人が友人の場合とよく知らない人の場合では，どう違うかを比較するという実験であると説明される。

実験は，パソコン室に移動して行われた。パソコンの前には，表紙に「芸術的センステスト」と「対人能力テスト」と書かれた2冊の小冊子が置かれ，作業の指示はすべてパソコンによってなされた。実験が始まると，パソコン画面に，いずれかの小冊子のテスト項目が指定される。参加者は，冊子によりテストを行い，その解答を二者択一で打ち込む。パソコンには即座にその答えが正しいか，間違っていたかが表示される。次に画面に「一緒に実験している友だち（あるいは実験室で会った未知の人）は，同じこの問題にどう答えると思うか，予測して答えなさい」という質問が表示される。課題は，芸術的テスト，対人能力テストともかなり難しく，正解がはっきりとは分からなく自信が持てない問題ばかりである。正解は半分になるように操作されている。

さて，自分が問題に答えるとすぐ正解が出る。このため，その後，友人の選択や未知の人の選択を予測するといっても，この場合，正解が分かっているのだから，実際にここでやっているのは，友人や未知の人がどれくらい正しく答えられると思うか，という友人や未知の人に対する能力評価である。

この自己評価維持モデルは，自分があまり重要視していない分野の能力については，反射心理により友人の能力を高く評価するが，重視している分野では，比較心理により低く評価すると予測している。実験の結果，対人能力が重要だと考えている参加者は，友人に対する評価を，芸術的センスはあるが対人能力はそれほどでもないとした。自分のほうが対人能力があるとして，自尊心を保ったのである。

情し，あわれみを感じる一方で，友の失敗は蜜の味ともいわれる。

　自己評価は他者との社会的比較によってなされると述べたが，テッサーら
の研究はその他者が友人である場合，自己評価を高く維持しようと，次のよ
うな2種類の異なった**自己評価維持メカニズム**が働くことになるとしてい
る。

> ⚠️ POINT
>
> ## 自己評価維持モデルの二つのメカニズム
>
> ❶ 反射の心理　　　　　❷ 比較の心理

　❶の反射の心理とは，友人が高い評価を受けた場合，友人との同一視を働
かせ，友人の評価を自分のものとして自分も同様に受けようとする心理で，
栄光浴と呼ばれる。この場合，友人の成功や能力を我が事のように高く評価
し，それを自分まで浴びることにより，自分の評価を高める。母校が優勝し
たり，郷土の同級生がオリンピックで勝ったときなど，自分が優勝したかの
ように鼻高々で，周りの皆に言いまわるであろう。これが反射のメカニズム
である。

　ただ一方で，友人の成功は自分の能力の否定や相対的劣等にもつながり，
自己評価が下がりかねない。このため，たとえ友人が成功しても，自分にと
って重要な分野では，友人であるがゆえにその能力を高く評価しようとせ
ず，成功を偶然だったとしたり，親の七光りだとしたりする。また，成功し
た友人には妬みや嫌悪さえ感じるようになるのである。これが**比較の心理**で
ある。会社の同期が一番出世したときの心境である。人間関係の心理の複雑
さは，自己評価と深く関わっているのである。

第2章
出会いからの人間関係の展開

人間関係は出会いから始まる。どんな人とどんな出会いをするか，毎年4月の大学や職場では，新入生や新入社員がそわそわしている。周りは知らない人ばかりである。クラス会や新人研修会でどんな人に会うのか楽しみであるが，反面，友だちができるか，人間関係がうまくいくか，心配でもある。日本人は初対面に対する不安が，特に高いといわれている。そんな不安があるときは誰でも親和欲求が高くなり，親和行動がとられやすい。だから，そんなときほど友人はできやすいといえる。

▌ 1 親和行動

　一番幸せを感じるときはどんなときか，という世論調査がある。その答えで一番多いのは，友人と一緒にいるとき，恋人と一緒にいるとき，家族と一緒にいるとき，などである。人は，親しい人と一緒にいるときが一番安心でき，くつろげ，幸せを感じるというのである。このような親しい人と一緒にいたいという気持ちを**親和欲求**といい，その行動を**親和行動**という。親和欲求とは，マレーの欲求分類によると，「自分の味方になる人（自分に似ていたり，自分を好いてくれる人）に近寄り，喜んで協力したり，好意を交換したいと思うこと，友と離れず忠実でありたいと思うこと」と説明されている。親和欲求の強い人は，友人に会ったり，電話やメールをしたりする回数が多い。また，親しい人に対する同調行動も多い。反面，自分に似ていない人を否定的に評価する傾向があるとされる。

　では，どんな状況において親和行動が強く見られるのだろうか。親和欲求の研究は，シャクターにより始められた。彼は親和欲求が満たされない人，たとえば，囚人のように人との接触を断たれたり，修道士のように自ら断っている，社会的孤立状態を長く経験した人たちの手記などを検討した。その結果，孤立状態が続くと，自らすすんで行ったかどうかにかかわらず，耐え難いほどの精神的苦痛，不安を感じることが分かった。このことからシャクターは，不安と親和欲求の間に強い関連があると考え，そのことを実証するために，トピックス2-1に紹介するような親和欲求の実験を行った。その結果，高い不安条件では親和行動が多く見られた。では不安になると，なぜ，

トピックス 2-1

恐いときは，誰かと一緒にいたい

●シャクターの親和欲求の実験●

　シャクターの研究は，不安が高くなればなるほど親和欲求が強くなることを実験室で実証した。

　女子学生が実験参加者として実験室に行くと，電気ショック装置が置かれている。女子学生は，実験者から，「電気ショックの効果をみるための実験に参加してもらう」と言われる。そのとき，「この電気ショックはかなり痛いかもしれません。この実験では強い電気ショックが使われます。もちろん，後々まで傷が残るようなことはありませんが……」と説明される。それから，「実験の準備のために 10 分ぐらい時間がかかるので，その間，別の部屋で待っていてください。部屋は，個室で 1 人で待つこともできるし，他の学生と一緒に待つ大きな部屋もあります」と言われ，相部屋にするか，一人部屋にするかを尋ねられる。別の実験条件では，女子学生は電気ショックの説明のとき，「電気ショックは弱く，くすぐったい程度です。痛みはないですよ」と言われ，同じように一人部屋で待つか，相部屋で他の人と一緒に待つかを尋ねられた。

　この実験の本当の目的は，このような不安状況での親和欲求の高さを調べることである。親和欲求が高くなると，他の人と一緒に待ちたいという気持ちが強くなるだろうと考えられた。

　実験の結果，強い電気ショックという不安状況では，一人でいるより誰か他の人と待ちたいという人が多く，弱い電気ショックで不安のない状況では，他の人と一緒に待ちたいという人は少なくなり，どちらでもよいという答えが多かった。この実験によって，不安が親和欲求を高めることが実証された。

人は人と一緒にいたいと思うのであろうか。一般的には，他の人と一緒にいると安心でき，不安が低減されるので，親和行動がとられると考えられる。さらに，フェスティンガーの**社会的比較過程理論**がもう一つの答えを示唆している。この理論では，人は不安になったとき，「自分が今経験しているこの不安は適当なのか」という不確さを感じ，その不確さを解消するために自分と同じような状況の人の心理と自分の心を比較しようとし，このため，人と一緒にいようとする行動が高まると説明される。親和欲求のもとには，社会的比較の動機があるというのである。実験によりこのことも証明されている。親和欲求と社会的比較の欲求は，ともに人がいかに他の人，特に親しい人を必要とする「社会的動物」であるかを明らかにし，それゆえ，人にとって人との関係がいかに大事かを示している。

2　第一印象

入学式や入社式，クラス会，クラブの歓迎コンパなどのとき，どんな服装や髪型をするか，迷ってしまうだろう。それは，**第一印象**が周囲からの評価や友だちづくりの決め手になると考えているからである。心理学の研究でも，第一印象は印象形成に決定的な役割をはたすことが実証されている。

実は，第一印象は本当はそれほど正確ではない。しかし，第一印象が良いか悪いかが，その後のその人との人間関係を決めてしまうといっても過言ではない。なにしろ，印象が悪い人には二度と会おうとしない。会わなければ人間関係は始まらないからである。どんな人間関係においても，初対面のときの第一印象は重要である。では，なぜ，第一印象がその後の人間関係を決めるのであろうか。アッシュは，**ゲシュタルト心理学**の考え方をもとに，最初の情報が後の情報を色づけてしまうとし，そのことを**印象形成**の実験で証明して，これを**初頭効果**と呼んだ。

アッシュの実験は，相手の人の性格について次のように形容詞で紹介し，その順序効果を見ている。その実験では，ある人の性格を次の順で紹介した。

トピックス 2-2

真っ暗の中の男女，何が起こるか

●ガーゲンらの完全暗室の中での行動観察●

　完全暗室の中で人はどのような行動をとるのだろうか。親和的，それとも攻撃的になるのだろうか。顔が見えない真っ暗な中で，何の制約もなく，しかも将来絶対会うこともない見知らぬ者同士が一緒にいた場合，人はどのような行動をするのか，ガーゲンらの研究はそのような場面の行動を実験している。

　参加者は募集の広告を見て応募してきた，18〜25 歳の男女である。実験は男女半々の 8 名の集団である。部屋の状況は，完全な暗室条件とやや明るい部屋という条件である。部屋は二重ドアになっていて，実験室は転倒しても危険がないように床にも壁にもパッドが貼ってある。

　暗室条件の参加者は，必ず 1 人ずつ別々の時間に実験室に来るように言われている。実験者から「1 時間ほど暗室の中に入ってもらいます。中には，数人の人がいます。他の人と何をしたらよいかといったルールは，一切ありません。部屋にいた人と今後会うことは，絶対にありません」と説明される。参加者は靴を脱ぎ，ポケットの中のものを全部出し，荷物を置き，真っ暗な部屋の中に入る。部屋の中の方向はまったく分からず，他の人の顔も分からない。実験中の行動は，すべて赤外線カメラで録画した。また，やや明るい部屋でも同じ実験操作を行った。

　実験の結果，やや明るい部屋の条件の参加者は，部屋に入るとすぐに適当な場所に座った。そして，いったん座ると，ほとんどの人がその場所を離れなかった。また，一緒に部屋に入っている他の人と，1m 以内に接近することはほとんどなかった。そして，実験中，行われたことは会話で，参加者たちは終始話し続けていた。一方，完全暗室の中では事態は違っていた。参加者は，最初は会話をしたが，30 分以上過ぎると誰も話さなくなり，それに代わり，身体的活動が行われるようになった。意図的に触れ合い，抱きしめ合ったりした。このため，性的興奮を感じたと報告した人もいた。

　この実験で，完全な匿名が保証され，社会的な制約から自由になると，人は非常に速やかに**親和行動**を行い，身体的に親密な関係を展開させることが分かった。

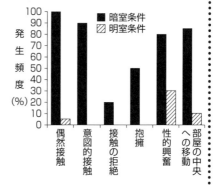

図　明室条件と暗室条件の各行動の頻度
（Gergen et al., 1973 をもとに作成）

> ## 知的―勤勉な―衝動的―批判的―ガンコな―嫉妬深い

　このような順序で紹介すると，多くの場合，その人は良い人，という印象を与えた。ところが，逆の順序で紹介すると，まったく同じ形容詞群にもかかわらず，多くの場合，良くない人，という印象を与えたのである。

> ## 嫉妬深い―ガンコな―批判的―衝動的―勤勉な―知的

　なぜ，このようなことが生じたかというと，それは最初に紹介される性格の印象が，後の形容詞を色づけてしまうからである。

　このように，はじめの印象は重要である。実は，初期人間関係においては，初対面より前にすでに相手の人についての情報が入っていることが少なくない。そのような場合も，その先行する情報が初対面の第一印象に大きな影響を及ぼすのである。まだ会っていない人でも，人から聞いた情報で，すでにイメージは出来上がっている場合，そのイメージが相手の人とのやりとりを方向づけるのである。現代は情報社会である。ネットやSNSなどの情報が先行すると，相手のイメージが先行してしまい，そのとおりだと思ってしまうことになる。この心理メカニズムは**予測の自己実現**と呼ばれる。「1回

A｜ブラウン先生は，
　マサチューセッツ工科大学の
　社会科学部の卒業です。
　先生は，他の大学で，三学期間，
　心理学を教えた経験がありますが，
　この大学で講師をするのははじめ
　てです。先生は，26歳で経験豊
　かです。そして結婚しています。
　先生を知る人は，先生は，どちら
　かというと，温かくて，勤勉で批
　判力に優れ，現実的で，決断力が
　あるといっています。

B｜ブラウン先生は，
　マサチューセッツ工科大学の
　社会科学部の卒業です。
　先生は，他の大学で，三学期間，
　心理学を教えた経験がありますが，
　この大学で講師をするのははじめ
　てです。先生は，26歳で経験豊
　かです。そして結婚しています。
　先生を知る人は，先生は，どちら
　かというと，冷たくて，勤勉で批
　判力に優れ，現実的で，決断力が
　あるといっています。

(Kelley, 1950をもとに作成)

トピックス 2-3

初対面の前の情報で，印象が決まる!?

●ケリーの講師第一印象のフィールド実験●

　ケリーは，初対面で直接会う以前の先行情報が印象形成にどのように働くかを，大学の授業を使って実験している。

　心理学の授業を取っている学生が実験参加者である。授業時間になっても担当の先生が来ない。そのとき，心理学の助手が教室に来て，担当の教員が突然出張のため，担当者が変更になる，と伝えた。加えて，「今，心理学研究室では，先生によって授業がどのように変わるかを研究しているので，授業が終わった後，アンケートに協力して欲しい」と依頼する。そして，「今日の担当教員はブラウン先生であるが，ここにブラウン先生についてよく知っている人が書いた先生の紹介文があるので，先生が来る前に読んでください」と全員にメモを渡した。そのメモは左頁に示すとおりである。A，Bの2種類であるが，読んで分かるように，二つは1カ所を除くすべて同じ文章である。このため，クラスの学生は全員に同じものが渡されたと思っ

ている。違いは，先生の性格の紹介のところで，「温かい」か「冷たい」かのどちらかになっている。

　学生がメモを読み終えた後，ブラウン先生は教室に入り，ディスカションを含み，約1時間の授業を行った。

　さて，授業が終わり，先生が教室を去った後，再び助手が教室に戻り，授業や教員の印象のアンケートを行った。

　実験は，学生が事前に先生の性格を温かいとした紹介文を読んでいる場合と，冷たいとした紹介文を読んでいる場合との，先生に対する印象の違いがあるかどうかである。結果は，まったく同じ授業を受けたにもかかわらず，先行情報が強く影響して，「温かい」ほうの学生が，「冷たい」ほうの学生よりも，先生を好意的に評価していた。また授業への参加度も違っていた。発言数は，温かいほうの学生が多かった。この実験は事前情報が印象に強く影響を与えることを明らかにした。

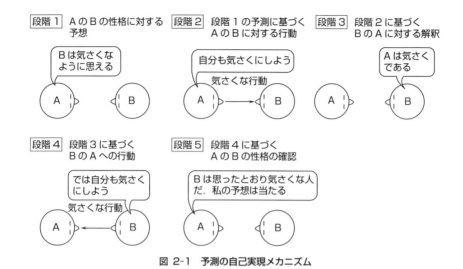

図 2-1 予測の自己実現メカニズム

会えば，相手の性格が分かる」と豪語している人がいるが，そんな人の自信の根拠は，実はこの心理メカニズムによることが多い．具体的に説明すると，たとえば，図2-1のようにある人を先行情報や外見から気さくな人だと思ったとしよう．すると自らも気さくに対応することになる．相手の人から見ると，初対面なのに相手から気さくな対応を受けることになる．そんな気さくな人に対しては，同じように気さくに応じるであろう．すると，最初の人は，ほら，やっぱり思ったとおり相手は気さくな人だ，と予測が適中し，自分は相手の性格が分かるのだ，と自分の判断にさらに確信を持つことになる．しかし，ここには予測を自分で実現しているという，予測の自己実現メカニズムが働いていることが分かるであろう．

3 自己呈示と印象管理

就職の面接では誰でも，自分がいかにまじめでやる気があるかを見せようとする．ところが合コンになると，自分がいかに優しくて楽しい人間であるかを見せようとする．

人は対人関係の場面場面において，相手の人との関係を良好にしようと，

第2章　出会いからの人間関係の展開　*29*

表 2-1　**自己呈示の方法** (Jones, 1964 をもとに作成)

相手への印象 づけと期待	自己呈示の方法	典型的行動
①好感→好意	取り入り	ゴマすり，同調
②有能→評価	自己宣伝	成果の誇示
③強さ→恐怖	威　嚇	脅し，怒り
④偉大→尊敬	模　範	正義の闘い
⑤弱さ→同情	哀　願	懇願，自己非難

いろいろな形での自己の呈示を行う。そして，その場面における自分の印象を，自分の対人戦略上，思ったように**印象管理**しようとする。

　自分を相手にどのように見せるか，これを**自己呈示**という。威張るのも自己呈示であるが，弱さを見せるのもまた自己呈示である。自己呈示には，表2-1のような相手への期待を目的とした具体的方法がある。

　このような方略を用いて相手との関係を自分の有利なように方向づけようとするのである。このような印象管理は，人間関係を思いどおりにやっていこうとする対人戦略の一つである。

　自己呈示の仕方は，文化の影響を大きく受ける。研究は欧米で始められたため，自己を肯定的に呈示することが社会的に望まれるとされ，対人関係場面では**自己高揚的自己呈示**がなされる傾向にあるとされてきた。しかし，自己呈示の**文化相対論的視点**からの研究が進み，日本など対人的謙譲を重視する社会では，むしろ，**自己卑下的自己呈示**がなされる場合も多く，それが対人関係を良好にしているという研究もある。

4　自己開示

　ある人と友だちになろうとしたとき，あなたはどんな話をするだろうか。恋人になろうとするときは何を話すだろうか。

　対人関係を深めていくときに最も重要なことは，相互作用において，お互いがお互いのことをどこまで話すか，どんなことを話すか，である。これを，自己の心を開くということから，**自己開示**という。アルトマンらは，自己開示には広さと深さがあるとしている（図2-2）。

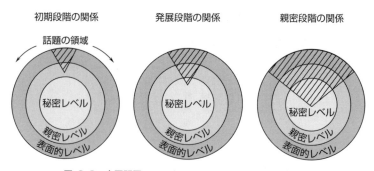

図 2-2　自己開示のレベル（Altman et al., 1981 をもとに作成）

　私たちは，相手によって，話す話題を変える。初対面の人には儀礼的なことしか話さないが，親しくなるにしたがい，いろいろなことを話すようになり，親友には自分の悩みまで話す。ただ，親しいといっても，友だちと恋人と親とでは，自己開示する内容は異なる。この自己開示の仕方によって，その相手の人との人間関係が決まってくる。お互いが自己開示し，相手のことを知るようになれば，互いに親しみが生じ，好意も生まれる。また，好意を持つと，その人のことをいろいろ知りたくなる。そして，自分のことも話したくなる。こうして，相互に自己開示が進められ好意も深まる。好意と自己開示はこのように相互的である。どんなに外見が気に入っても，相手が自己開示してくれないと好意は深められない。ガールフレンドやボーイフレンドとの自己開示の程度は，2人の関係の深さを示しているといえる。

> ! POINT
>
> ### 自己開示
>
> ❶ 自己開示の広さ（話題領域の範囲）
> ❷ 自己開示の深さ（話題内容の深刻度程度）

　ただ，自己開示の傾向は人によって異なる。自分のことを進んで話す人と，あまり話したがらない人とがいる。また，相手の自己開示をうまく進め

トピックス 2-4

ゴマをすって，上司に取り入る

● ジョーンズらの取り入りの迎合実験 ●

　ゴマすり，タイコ持ちは，会社では仲間から嫌われる。しかし，気づくと，なぜか出世している。それは，上司から好かれるからである。会社など組織では，上司が部下の生殺与奪権を持ち，昇格などの権限も持つ。このため上昇志向の強い部下は，同僚よりも上司に関心を寄せ，いろいろな方法を駆使して上司に取り入ろうとする。人への**取り入り**には，主に，以下の四つがある。

(1) 力のある人の意見に同調する
(2) 自分の力を宣伝する
(3) 自分を卑下する
(4) 力のある人を賞賛する

　ジョーンズらは巧妙な実験的研究により，意見同調による取り入りを研究している。この実験は2名1組で行われる。学部生の参加者には，大学院生をこの実験の上司にあたる監督者として紹介し，ビジネスのシミュレーションゲームをする。ゲームは，3部構成になっている。第1段階でゲームのやり方を説明し，練習する。第2段階では，お互いをよりよく知る機会を持つことになる。そして，最後第3段階で，本番のゲームを行うと説明を受ける。練習課題は四つの広告コピーのうち，最良のものを選ぶという問題である。参加者は練習ゲームが終わった後，成績は良くなかったことが知らされる。これにより，参加者に自分の判断力へ不安を感じさせた。このことが監督者への「取り入り」を促すと考えられた。

　さて，学部生の参加者には，実験者から院生の監督者自身が成績を決める権限を持っていると伝えられる場合と，監督者は決められたマニュアルで正解をチェックするだけであると伝えられる場合がある。また，担当の監督者は人間関係を重視するタイプであると伝えられる場合と，監督者は課題の遂行を重視するタイプであると伝えられる場合とがある。練習ゲームが終わると，互いを知る時間になる。このとき，知り合う材料の一つとして，いろいろな社会的トピックスについてのアンケートが渡されるが，そこには，監督者の意見がすでに記入してある。参加者は，それを知ったうえで，自分の意見を監督者の答えの隣に書くように言われる。このとき，その回答用紙は監督者が部下の意見を知るために，再び監督者に戻されると伝えられる。部下が上司の監督者に取り入ろうとしたらこのような場面で自分の答えを監督者の答えに合わせるだろうと考えられた。

　結果は，部下が，監督者が成績を自分で決められ，人間関係重視の監督者である場合に，監督者の意見に自分の意見を合わせる同調傾向が一番多く見られた。この実験により，部下は状況や上司の性格を知ったうえで取り入りを行っていることが実証された。

る，**開示オープナー**と呼ばれるタイプの人もいる。しかし，自己開示は通常相互的で，互いに少しずつ同じ程度の自己開示をしながら好意を深めていくことになる。

▋ 5　人間関係の親密化

　何かのきっかけで出会った2人は，どのように関係を親密化していくのだろうか。ここでは親密化のプロセスについての代表的理論である，レヴィンガー，アルトマン，マースタイン（トピックス2-6），スタンバーグらの関係発展理論について見ていくことにする。

！ POINT

＿＿親密化のプロセスの四つの理論＿＿

❶ レヴィンガーの親密度の4段階発達論
❷ アルトマンの社会的侵透理論
❸ マースタインのSVR理論（トピックス2-6）
❹ スターンバーグの愛の三角理論

---

1)　レヴィンガーの親密度の4段階発達論

　レヴィンガーは対人関係の親密度の発展プロセスを，二人が知り合う前から恋人や親友になるまで，図2-3のような4段階のレベルに分けている。第1段階は接触度0で，お互いに知らない状態である。第2段階は一方的認知段階である。この段階では，二人のうち一方が相手を知り，情報を集めるが，相手はそれをまったく知らない関係である。はじめて二人が直接接触を持った段階が，第3段階である。お互い知り合いになり，ここではあいさつなど表面的接触が行われる。しかし，相互依存的な相互作用はまだない関係である。レヴィンガーは，第2段階から第3段階へ，第3段階から第4段階

トピックス 2-5

自分が心を開けば，相手も心を開く

●ルービンの自己開示フィールドの実験●

　初対面の人同士が話をするときは，お互い相手の人と同じようなことを，同じようなレベルで自己開示しようとする。これを**自己開示の互恵性**と呼ぶ。ルービンの研究は，これを空港でのフィールド実験で実証している。

　実験はボストン空港のロビーの待合室で行われた。参加者はロビーで一人で座っている人である。実験者は適当な人を見つけると話しかけ，「筆跡の調査をしているので協力してくれないか」と依頼する。快く引き受けた参加者に，筆跡用の用紙を示す。そこには，上下に二つの空欄の長方形の枠が書かれている。

　さて，実験者は筆跡のため，何か文章を書いてもらいたいと言いながら，「たとえば」と言い，上の枠の中に実験者自ら次のような文章を書いてみせた。そのときの文章が，参加者により異なる。文章は 3 種類あり，各々自己開示の程度が異なる。内容は次のとおりである。

〈低親密度の自己開示文〉

> わたしは（氏名）です。大学生です。研究課題のために筆跡のサンプルを集めているところです。もうしばらくここで頑張ってから，それで今日はおしまいにしようと思っています。

〈中親密度の自己開示文〉

> わたしは（氏名）です。大学生です。最近になって自分の対人関係について考えるようになりました。この数年間でたくさんの親友ができましたが，今でもときどき孤独感を感じることがあります。

〈高親密度の自己開示文〉

> わたしは（氏名）です。大学生です。最近，本当の自分について考えることがよくあります。良く適応しているとは思っていますが，性的にうまくやっていけるかどうか時々疑問を持つことがあります。

　さて，実験者は自分の部分を書き終えると，参加者に自分の書いた文章を見せてから，その下の枠の中に同じように何か参加者自身のことについて書いてもらいたいと，依頼した。実験は 310 人に依頼し，236 人の人が調査に応じてくれた。データ収集後，参加者が書いた文章の内容を分析し，自己開示の程度を調べた。

　実験の結果，実験者が示した自己開示の深さと参加者が書いた自己開示の深さの間に，相関が見られた。例で示した自己開示が親密な内容であれば，それだけ書かれた自己開示の内容も親密であった。また，最も親密な自己開示を示した条件では，親密な答えをした人ほど実験者に好意を示した。この実験は，初対面において，自己開示が互恵性を持ち，また，自己開示の程度が好意とも関連することを実証している。

発展段階	親密度	二人関係の図解（Pは自分，Oは相手）
1	相互未知段階 （接触度0）	P　　　O
2	一方的認知段階	P　→　O
3	表面的接触段階 （顔見知り）	P　O
4	相互的接触段階 ①低相互作用 （知り合い）	P　O
	②中相互作用 （友人）	P　O
	③高相互作用 （親友，恋人）	P　O

図 2-3　人間関係の親密度の発展段階 （Levinger, 1974 をもとに作成）

へと親密化を促進し，関係を発展させる要因は，二人の間の距離の近さ，環境の良さ，社会的状況，経済的状況，そして性格などによるとしている。

　さて，第4段階は相互作用段階である。この段階で，二人の間に相互依存関係が生じる。この第4段階は相互作用の深さによって，さらに三つのレベルに分けられている。この段階での二人の関係を深める要因としては，価値観の共有，共感，同情，それに相互に他利的な行動をする相補関係などである。これらの関係を通してより親密になり，「真の相互性」と呼ぶ深い相互作用のレベルに達することになる。

トピックス 2-6

出会いから親密な関係になるまでの3段階

●マースタインのSVR理論●

マースタインは未知の2人が出会い，親密になるまでのプロセスには，次の三つの発展段階があるとして，SVR理論を提唱している。

〈SVR理論の3段階〉
　第1段階：刺激ステージ
　第2段階：価値ステージ
　第3段階：役割ステージ

第1段階の刺激ステージとは，出会い，相手を見た瞬間である。はじめて会ったときは刺激，つまり外見がその関係を発展させるかどうかを決める最も重要な要因となる。顔，スタイル，服装，表情，しぐさなど，身体的，行動的特徴が決め手となる。

第1段階をクリアすると，第2段階になる。ここでは，価値観の類似性が最も重要な要因となる。同じ趣味，同じスポーツの好み，社会的意見の一致，特に生活に対する態度が共通しているかどうかが問題となる。「性格が合わない」といわれるのは，性格というより，生活への態度の違いであることが多い。

価値観が類似していて，この第2段階をクリアすると，第3段階となる。ここでは，2人の役割関係が重要な要因となる。相互に相補的な役割を持つことにより，関係や生活がスムーズに進む。2人の間で生じる問題についてしっかりスクラムを組めると，真に親密な関係を結ぶことができる。

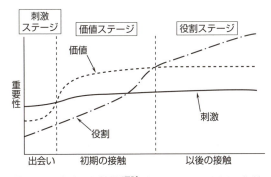

図　マースタインのSVR理論（Murstein, 1972をもとに作成）

2) アルトマンの社会的浸透理論

アルトマンは自己開示による関係の発展をモデル化し，**社会的浸透理論**を提唱している。図2-2に示されるように，未知の二人がお互いに，表面的レベル→親密レベル→秘密レベルと自己開示するレベルを深くすることにより，また自己開示する領域を広げることにより，二人の関係は親密化していくとしている。ただし，自己開示すると同時に，お互いのプライバシーを尊重することが，長期的な親密な関係を維持していくのには重要であるとし，親しき仲のプライバシーの大切さも強調している。

3) スタンバーグの愛の三角理論

出会いから始まる人間関係が最も親密化した形は，愛である。ただ，愛といってもさまざまである。情熱的な愛もあれば，友情のような愛もある。同じ愛でも温度も関係もずいぶん異なる。また，同じ人との愛も，関係の初期と期間が長くなった場合とでは，愛の中味が変化し，関係が異なってくる。それは，愛の構成要素は同じでも，各々，また各時期の構成要素の重みが異なるからだ，とスターンバーグは**愛の三角理論**で説明している（図2-4）。

スターンバーグは，愛は，①親密性，②情熱，③コミットメント，の三つの構成要素から成立しているが，各々の愛は，この3要素それぞれの程度が

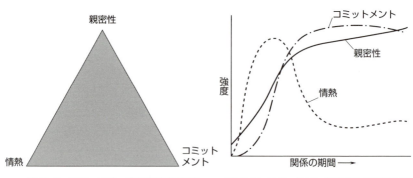

図2-4　スターンバーグの愛の三角理論
（Sternberg, 1986をもとに作成）

図2-5　スターンバーグの愛の3要素の重要性の変化
（Sternberg, 1986をもとに作成）

第2章　出会いからの人間関係の展開　*37*

異なっているとしている（図2-5）。そして，構成要素の強弱から，八つの
タイプの愛の型があるとしている。

　まず，各構成要素を説明すると，①の親密性とは，感情的結びつきの強さ
や相互理解の深さである。親しさでその度合いが分かる。②の情熱は興奮の
強さで，性的欲求を含む夢中度でその度合いが分かる。③のコミットメント
は結合の強さである。関連の強さでその度合いが分かる。実際の愛は，この
三つの構成要素が異なった強度で組み合わされて形成される。その結果，愛
には次の八つのタイプがあることになる。

　⑴　完璧愛タイプ：親密，コミットメント，情熱すべてが強い。
　⑵　好意タイプ：親密は強いが，情熱とコミットメントは弱い。
　⑶　夢中愛タイプ：情熱は強いが，親密とコミットメントは弱い。
　⑷　虚愛タイプ：コミットメントは強いが，情熱と親密は弱い。
　⑸　情愛タイプ：親密と情熱は強いが，コミットメントは弱い。
　⑹　友愛タイプ：親密とコミットメントは強いが，情熱は弱い。
　⑺　愚愛タイプ：情熱とコミットメントは強いが，親密は弱い。
　⑻　非愛タイプ：三つの構成要素がすべて弱い。

　ところで，愛の分類についてはスタンバーグの研究のほかに，トピックス
2-7で紹介しているように，リーの研究がある。リーは，愛の構成要素を
情愛，遊愛，友愛の三つとし，その混合で愛には六つのタイプがあるとし，
愛の類型化を試みている。

　また，近年，人間関係の心理学は，関係の親密化だけでなく，親密化した
関係の崩壊たとえば失恋のプロセスやそのときの，あるいはその後の心理プ
ロセスについても，研究が進められている。

トピックス 2-7

あなたはどのタイプの愛？

●リーの恋愛の6類型●

リーの研究は，参加者各自の実際の恋愛経験についてインタビュー形式の質問紙法により，恋愛の始まり，関係の展開，終わり方について詳しく調査した。そのデータを分析した結果，恋愛には基本的に情愛，遊愛，友愛の三つのタイプがあることを見いだした。さらに，この三つのタイプの混合として，狂愛，利愛，神愛があるとした。リーの分類した**恋愛の6類型**は以下のとおりである。

(a) 情熱的タイプ（エロスの愛）
(b) 遊愛的タイプ（ルダスの愛）
(c) 友愛的タイプ（ストーゲの愛）
(d) 狂愛的タイプ（マニアの愛）
(e) 利愛的タイプ（プラグマの愛）
(f) 神愛的タイプ（アガペの愛）

では，次の6項目のうち自分の恋愛観に一番近いものを1つ選んでほしい。

①お互いに夢中で，激しい愛のなかにいるような恋愛。
②ゲームのような楽しむための恋愛。
③性的というより，深い友情で結ばれている親友のような恋愛。
④相手のことを考えると，心配で心配で夜も眠れないような恋愛。
⑤自分の将来にとって有利になるような恋愛。
⑥この愛のためならどんな犠牲を払ってもよい，と思える恋愛。

この6項目の①〜⑥は左記のリーの恋愛類型の(a)〜(f)に対応している。
選んだ項目がその恋愛タイプである。

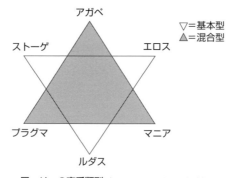

図　リーの恋愛類型（Lee, 1973をもとに作成）

第3章

言語的・非言語的コミュニケーション

人間関係は相互のコミュニケーションによって成り立っている。たとえば、「連絡くださいね」「はい、メールします」という言葉のやりとりがある。簡単そうだが、言葉（日本語）ができないと通じない。これが、言葉による**言語的コミュニケーション**である。一方、手を結んで耳のところに持っていき電話することを表し、それに対して、親指と人差し指で丸を作ったり、首を縦に振り、うなずいたりしてOKのサインを出すこともある。これらは、ジェスチャーや動作による、**非言語的コミュニケーション**である（図3-1）。言葉なしで通じる。しかし、世界共通ではない。

　このように、コミュニケーションには、言葉を使うコミュニケーションと言葉を使わない動作のコミュニケーションがある。

> **POINT**
>
> ### コミュニケーションの種類
>
> ❶ 言語的（バーバル）コミュニケーション
> ❷ 非言語的（ノンバーバル）コミュニケーション

〈問〉 写真A〜Fはどのような情緒を表していると思うか

A　　　B　　　C　　　D　　　E　　　F

(Ekman, 1973)

第3章 言語的・非言語的コミュニケーション　*41*

トピックス 3-1

外国人の表情からも心を読みとれる

●エクマンの表情判断の比較文化的研究●

　私たちは顔の表情から気持ちを読みとることができる。何も言わなくても，表情から，その人が喜んでいるか，怒っているか，悲しんでいるかを知ることができる。このことから，表情は対人関係の非常に重要なコミュニケーション・チャンネルであることが分かる。

　左頁下の表情写真を見て，A～F のそれぞれがどんな感情を表しているか，推測してみてほしい。

　見慣れていない外国人の表情にもかかわらず，簡単に表情判断ができる。なぜだろうか。

　エクマンは，人の表情は人類進化の過程で身につけたもので，人類共通であり，それゆえにその解読も人類共通だとしている。それを実証するために，異っ

た文化や民族の人々を対象に表情判断の調査を行っている。左頁の表情写真の判断を日本を含めいろいろな国で実施した。その結果が下記の表である。

　この結果からも，文化の異なった国にもかかわらず，どの国もかなり高い確率で各々の表情を正しく判断していることが示された。このことから基本的な感情においては表情表出，表情判断ともかなり一致しており，顔の表情による感情的コミュニケーションが人類共通であることが明らかにされた。

　なお，エクマンは，この6種類の情緒を人の**基本的情緒**とし，細かな情緒の表情は文化により異なるが，基本的情緒は人類共通としている。

表　五つの文化における表情写真と情緒判断の一致度（数値は％）

（Ekman，1973 をもとに作成）

写真の記号	A	B	C	D	E	F
エクマンの情緒分類	幸福	嫌悪	驚き	悲しみ	怒り	恐れ
アメリカ	97	92	95	84	67	85
ブラジル	95	97	87	59	90	67
チ リ	95	92	93	88	94	68
アルゼンチン	98	92	95	78	90	54
日 本	100	90	100	62	90	66

ジェスチャーの意味は世界千差万別である。次のジェスチャーが何を意味しているか考えてみてほしい。*

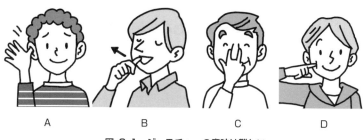

図 3-1 ジェスチャーの意味は難しい

　非言語的コミュニケーションとは，表情，姿勢，身ぶり，手ぶりなどの身体によるコミュニケーションで，**ボディ・ランゲージ（身体言語）**ともいわれる。人と人とのコミュニケーションというと，まず会話が頭に浮かび，そこで交わされる言葉が注目される。しかし，人間関係にとっては，非言語的コミュニケーションが思いのほか，大きな役割を果たしている。そこで，ここでは人間関係における非言語的コミュニケーションを中心に見ていくことにする。

1　非言語的コミュニケーションの感情伝達力

　テレビの音声を消して，登場人物の表情や姿勢，しぐさを見てほしい。そして，登場人物同士が好意を持っているか，反発し合っているかを判定してみてほしい。友だちと一緒に判定すれば，「嫌っている」とか，「好意を持っている」といった感情の判断はかなり一致すると思う。
　マーラビアンの研究は，対人場面において，相手が自分に対してどのような感情を持っているか，つまり，相手が自分に好意を持っているか嫌っているかを判断するとき，何をもとに決めるかを実験的に検討している。その結

＊（答え）A：金がない（ポルトガル），B：何も持ってない（東ヨーロッパ），C：簡単さ（フランス），D：彼女は美しい（イタリア）

トピックス 3-2

うなずきは会話をはずませる

●マタラゾらのうなずきと発言量の面接実験●

　うなずきは会話にとって重要である。マタラゾらの研究は，このことを実験的に証明している。実験は，アメリカのポートランド市の実際の警官，消防士の採用試験で行った。表面上は，ごく一般的な採用面接の形をとり，1人につき45分間の面接が行われた。しかし，これは実験であり，内容は正確に操作されていた。全体の45分を15分ずつの3セクションに分け，学歴，職歴，家族関係の3領域について面接を行った。話題の順序は応募者によって変えたが，いずれの課題の場合も，2セクション目の面接者は，応募者が話し始めるたびにはっきりとうなずき，話し終えるまでうなずきを繰り返した。これが実験条件である。一方，統制条件では，面接者はごく自然に応答した。両条件とも面接者の対応の仕方は統制され，発言は1回あたり5秒と制限され，微笑みのような承認的な行動は行わないようにした。また，別に面接の観察者がおり，一方視窓を通して面接の状況を記録した。会話が実験室のマイクを通して伝えられ，観察者は，面接の推移を記録した。

　実験の結果，実験群の応募者の85％の人が，セクション1よりも面接者が意図的にうなずいたセクション2において，発言数を増していた。うなずきによって，応募者の発言量は約50％増えていた。また，面接者が再び意図的うなずきを止めたセクション3では，発言数は減少した。面接者の個性によって多少異なるものの，セクション2で応募者の発言時間は明らかに増していた。他方，統制群では，この変化は見られなかった。このため，実験群の変化発言量の増加は，明らかにうなずきによるものと考えられる。

　うなずきによる発言量の増加は，心理的には承認欲求の充足と考えられる。応募者はうなずきにより，強く承認されていると思うのである。そして，面接者に対して言語的に応答するのは，その承認への快い反答といえる。つまり，うなずきは，会話を促進させたのである。

果，次のような公式を明らかにしている。

> ! POINT

マーラビアンの対人態度の推定要因

対人態度＝0.55 F＋0.37 V＋0.07 C
（F：表情　V：音声　C：会話内容）

　この実験では，表情を柔らげて「嫌い」と言ったり，表情を硬くして「好き」と言ったりなど，表情，声，内容の三つの要因を人工的に操作してその効果を測定している。実験の結果は，相手が自分に対してどんな態度を持っているのかを判断するのは，相手の表情が半分以上となっており，最も大きな決定因となっていることを示している。そして，話している内容はわずかに7％しか影響せず，話している内容よりもむしろ，話している声の調子（これを**パラ・ランゲージという**）のほうが，大きな決定因となっていることを実証したのである。

　表情が大きな影響を与えること，会話内容の重要度が低いことは，つまり，言葉の中身だけでは気持ちは伝わらないことを示している。それに比べ，声の調子が大きな要因になっている。音声の要素は，声の大きさ，声の高さ，話のスピード，イントネーションなどである。対人場面において，表情は意識して作ったりするが，声はあまり意識して作っていない。このため，声には本心が表れやすいといえよう。

　ところで，人の好き嫌いは顔に表れるが，さらにカシオッポとペティの研究によると，一見，見ただけでは分からないような**表情筋**の筋肉運動が生じていることが，生理心理学的実験で明らかにされている。人は無意識のうちに，好意を持つと，頬にある頬骨筋が活性化し，嫌悪を感じると，眉のところにある皺眉筋が活性化するのである（図3-2）。

トピックス 3-3

夜は，女性が美しい

●ヘスの瞳孔の大きさと魅力の実験●

人の目の瞳孔は外から入る光の量を調節するため，拡大・縮小する。明るい所では小さくなり，暗い所では大きくなる。ネコの目と同じである。ところが，ヘスの研究により，目の瞳孔は心理的にも反応することが分かった。人は，好きな人を見たとき，瞳孔が大きくなるのである。情緒的に興奮すると，瞳孔が拡大するのである。ヘスの研究は，興味のある視覚刺激に対して，瞳孔が大きくなることを実証している。

参加者にいろいろな写真を提示し，瞳孔の大きさを測定した。すると，男性参加者の瞳孔は，女性のヌード写真を提示したときに拡大した。一方，女性参加者の瞳孔は，男性のヌード写真，赤ん坊，赤ん坊を抱いた女性の写真を見たときに拡大した。このような瞳孔変化は，興味や関心の強さを反映して情緒的興奮により**心理的瞳孔**拡大が生じたのである。

ヘスは別の研究で，女性の顔写真を，実際よりも瞳孔を大きく修正して，瞳孔の小さい写真と比べ，どちらが男性にとって魅力的かを調べた。まず，実験でこの2枚の写真への男性の瞳孔反応を比べたところ，同一の顔にもかかわらず，瞳孔の大きいほうの写真に2倍もの拡大反応が生じた。さらに，実験終了後，参加者に2枚のうちどちらでも好きなほうの写真を持って帰ってもよいと言うと，大半の男性は本人は意識しないまま，瞳の大きいほうの写真を持ち帰った。大きな瞳孔は女性をより美しく見せ，男性の関心を引いたといえる。夜は女性が美しく見えるといわれるが，夜，暗い所では光量が少ないため瞳孔が大きく開かれ，目は輝いて見える。それが魅力的に見える一因であろう。

写真　瞳孔の大きさと女性の魅力度 (Hess, 1971)

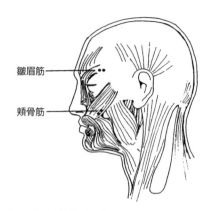

図 3-2 好悪の態度と表情筋の活動（Cacioppo & Petty, 1981 をもとに作成）

2 アイ・コンタクト

　人に会い，目と目を合わせるところから人間関係が始まる。目と目が合うことを**アイ・コンタクト**という。目が合った瞬間から相互関係が始まる。
　アメリカの非言語的コミュニケーションのテキストには，人は1mくらい近くから見つめられたとき（これをゲイジングという），ニコッと笑みを浮かべ，あいさつをする，と書いてある。確かに，アメリカ人はそうする。ところが，日本ではアメリカのようにはならずに，もし，知らない人を見つめたら，相手は困ったような顔をするか，ムッとした表情で目をはずすか，あるいは怒った目でにらみ返すか，であろう。
　目が合うことから人間関係は始まるが，コミュニケーションの始め方は文化により差がある。見知らぬ人のアイ・コンタクトを受け入れるか，拒否するかは，その文化が人間関係にどのくらいオープンかを示すといえるかもしれない。
　アイ・コンタクトにはもともと，受け入れと拒否という二つの相反する意味がある。好意と嫌悪の両方を伝えることができる。じっと見つめて好意を伝えることもあるし，にらんで敵対心を伝えることもある。通常のアイ・コンタクトの時間は短い。1秒以下である。しかし，好きな人とのアイ・コン

トピックス 3-4

涙は対人コミュニケーション手段である

●エイヴェリルの感情の社会的構築主義理論●

　人は，腹が立ったとき怒り，悲しいとき泣く。感情は私たちの内面の心の動きであり，その表れである。しかし，外に表される涙は，感情の表出であるが，同時に，あるいはそれ以上に，相手に対する自分自身の状態の表現であり，関係を変えていくためのコミュニケーション手段であると考えられている。感情表出はコミュニケーションである，という考えを強調しているのは，エイヴェリルに代表される感情の**社会的構築主義理論**である。

　たとえば，泣くことは，援助を求めるための非常に有効なコミュニケーション手段と考えられる。もちろん，泣くことは悲しさの表れであるが，同時に今，あまりに大変な悲劇が起こってしまい，自分ではもうどうにもできなくなっている，助けてほしい，ということを周囲に伝えているといえる。実際，周りに人がいるときのほうが，人は激しく泣く。また，助けてもらいたい人がいるときに，より激しく泣く。また，泣かれてしまったほうの人は，相手が泣いてしまうと，事の善悪，あるいは利害も無視して，泣かれては仕方ない，泣いているんだからなどと言って，泣いている人の立場を考慮してその場をおさめようとする。こうして泣いた人は周りから，より多くの援助の手を差し出されたり，言い分が通ったりすることになる。涙は，大きなコミュニケーション力を持っているので，女性だけでなく，男性も使っている。涙だけでなく，他の感情表現も同様に，コミュニケーション手段として考えることができる。感情表出は，人との関係において重要なコミュニケーション手段である。怒りは，欲求不満の表れであるが，同時にそのことは，自分が不当な扱いを受けているということを相手に伝え，屈辱的関係を回復しようとするのである。怒りや攻撃行動の社会的構築的アプローチについては，後の攻撃の章でも詳しく見ていく。

タクトは時間が長く，回数も多い。嫌いな人とはにらみ合うとき以外は目を合わせようとせず，合ったとしても瞬間に目をはずしている。もし，誰かと話していて目が合い，そのままに，5秒もアイ・コンタクトが続いたとしたら，普通ではないと思っていいだろう。長いアイ・コンタクトは，心理的に重要な意味があることを伝える。そういう意味づけを避けるために，通常は必要以上に長いアイ・コンタクトはしないのである。長いアイ・コンタクトは，本当に伝えたいことがあるときのみに使用される。

　また，人は誰かに見られることに，基本的には嫌悪を感じる。交差点で信号待ちしている車のドライバーを，交差点からジロジロ見ると，信号が変わったときに飛び出すスピードが通常より速いという実験結果がある。早くその場から逃れたいという心理が働くのであろう。

3　対人距離とパーソナルスペース

　ガラガラに空いている図書館で，次のような「実験」をしてみてほしい。他に座る場所がいっぱいあるのに，わざと座っている人の隣に座る。すると，しばらくしてその人は席を立つことになるだろう。その人は先にいたのだから，その人が席を変わる必要はないのにもかかわらず，ほとんどの人は短時間で動くことになる。なぜ動くかというと，人には，自分にとっての快適な**対人距離**あるいは，快適な**パーソナルスペース**（個人空間）があり，その範囲内は，自分の空間だと考えている。そのため，自分と他者との距離あるいは自分の身体の周辺空間を他人に侵されると，不快な気分になるのである。だから，快適空間を求めて動くのである。

　このため，逆に，他の人のスペースに侵入していくことにも抵抗感がある。たとえば，路上で何人かが輪になって立ち話をしているとき，その輪の中を通り抜けようとしてみてほしい。こういう場合，相手も不快感を示すだろうが，自分も不快な気持ちになる。このような対人距離やパーソナルスペースは対人感情に大きな影響を及ぼすので，非言語的コミュニケーションのひとつとして意識的に利用されることもある。

　パーソナルスペースは自分の身体の周辺の空間のことで，対人心理的に重

トピックス 3-5

内向的な人は斜めに座る

● クックの座席の選び方の空間心理実験 ●

　会議でテーブルのどこの席に座るか，そこにはメンバー同士の人間関係が反映される。テーブルに座る2人の位置関係は，2人の心理を反映する。ソマーは，このような**空間心理**を研究している。人は相手との関係や，仕事の目的によってテーブルでの自分の席を選び，競争場面では向かい合い，協力場面では横に並んで座る傾向があることなどを明らかにしている。ソマーの研究をもとにしたクックのこの研究は，テーブルでの座席選択における人間関係と動機づけとの関連について調査している。

　大学生の参加者に，テーブルが描かれた質問紙を配布し，自分がもう1人の人と一緒にテーブルに座っていると想像させた。そのときの活動内容については，① 会話場面：講義前の数分間のおしゃべり，② 協力場面：同じ勉強を協力して一緒にする，③ 単独共行為場面：各々別の勉強をする，④ 競争場面：一連のパズルをどちらが先に解くかを競う，の4種類を指示した。

　そして，各場面で，最も好む位置関係を選ばせた。その結果，会話場面では，直角か対面位置が好まれた。それに対して，協力場面では，隣り合わせが選ばれ，単独共行為場面では，距離のある斜めの位置が好まれた。競争場面では，正面向きが多く選ばれた。なお，クックは別の研究で，性格による座席選択の違いも調査している。大学生を外向的性格と内向的性格に分け，テーブルでの座席選択を比較した。その結果，外向的性格の人は，相手の人と真正面に向き合う位置を好んだ。このことは，外向的な人は人間関係を好み，人との相互作用を楽しむ傾向があることを示している。他方，内向的な人は真正面を好まず，視線的にも物理的にも，人との接触を避けようとする傾向が見られた。このように，日常の私たちの空間の利用の仕方に，人間関係への対処の仕方や性格が表れることが実証的に明らかにされた。

表　状況別の座席の選び方（数値は％）（Cook, 1970 をもとに作成）

会　　話	51	21	15	0	6	7
協力作業	11	11	23	20	22	13
共 行 為	9	8	10	31	28	14
競　　争	7	10	10	50	16	7

要な意味を持つスペースである。この研究の創始者ホールは，自分を中心と
したほぼ円形の空間をゾーンと呼び，人は次のような四つのゾーンを持って
おり，その時々の対人関係により，ゾーンを決め，そのゾーンに応じて対人
行動をとっているとしている。

! POINT

パーソナルスペースの４ゾーン

❶ 親密ゾーン　　　❷ 対人的ゾーン

❸ 社会的ゾーン　　❹ 公的ゾーン

---

　❶の親密ゾーンは，自分の身体の半径50cmくらいの円の中のゾーンであ
る。これだけ接近できるのは，恋人や家族などごくごく親しい人だけであ
る。心から受け入れられる人だけに許すゾーンである。知らない人がこのゾ
ーンの中に入っていたら，強い不快感を持つ。だから，満員電車の中は不快
なのである。❷の対人的ゾーンは，半径50cm〜1mぐらいの円の中のゾー
ンである。この距離は，手を伸ばせば触れる距離で，身体的接触があっても
許せるプライベートな関係で用いられるゾーンである。友人や仲間など親し
い人と触れ合ったりして交友関係を楽しむゾーンである。❸の社会的ゾーン
は，半径1〜3mくらいの円の中のゾーンである。この距離は相手の人と個
人的な人間関係は成立するが，身体的接触は不可能で，また，相手の人の細
かい表情は見えない距離であり，初対面やビジネスなど，フォーマルな人間
関係のときに用いるゾーンである。このゾーンでは，強い心理的な親密さを
感じることはない。❹の公的ゾーンは，半径3m以上のゾーンである。これ
だけ離れていると，相手の人と個人的関係が成立しない距離である。相手の
人は大勢の中のひとり，公衆，大衆となる。対人関係を持つには，大きな声
をかけたり，注視したりすることになる。
　このパーソナルスペースを利用して，重要な心理的意味を伝えることがで
きる。たとえば，好きという感情を，この非言語的コミュニケーションを利

トピックス 3-6

知らない人にはあまり近寄ってほしくない

●アシュトンらの対人距離と対人感情の実験●

対人場面において人が実際に人と会うとき，相手の人との間にとる物理的な距離のことを，**対人距離**という。アシュトンらの研究は，この対人距離と対人感情の関係を測定している。参加者は男女の大学生で，実験は2人1組で，友人同士か見知らぬ人同士，いずれかの男女ペアで行われた。まず2人は，定位置に立っている人と，その人に近づく人に分けられる。実験は定位置の人が立っていて，もう1人の人がその人に近づいていく。近づく人は，遠くのほうから立っている人に徐々に近づいていくが，定められた五つの地点（300cm，240cm，180cm，60cm，30cm）で立ち止まる。各地点は，実験室の床に距離テープで印がつけられている。そこで，立っている人が，近づいてくる人に対する反応をカードを示して，答えるのである。カードは次の4枚である。① もっと接近して，② もっと離れて，③ 適当な距離，④ 反応なし。このカードのうちから一つを選んで答えることにより，近づく人に対する感情を示すことになる。また，相手との距離についてどのように感じているかについても，具体的に聞かれる。

実験の結果，参加者は見知らぬ人より，友人が接近してくることを好むことが明らかになった。また，友人に対しては，相手との距離が近くなるほど，好意的反応が生まれている。他方，見知らぬ人に対しては，60cmまでは距離が近くなるにつれて好意的であるが，30cmになると好意的でなくなる。この結果は，対人距離と対人感情には関係があり，それがどのような反応を引き起こすかは，相手との親しさによって異なることを示している。

用し，相手のパーソナルスペースにさりげなく入ったり，隣に座って触れ合える距離になるなどして，好意が生まれやすい環境をつくることができる。ただ，ここに示した対人距離やパーソナルスペースには，文化差がある。一般的にラテン系の人は対人距離が近く，アングロサクソン系や東洋系は遠いとされている。外国人に顔をつき合わせるようにしゃべられ，閉口した人もいるであろう。

▎4 言語的コミュニケーション

　対人コミュニケーションにおいて，言葉は大事である。人類は言葉を発達させることにより，正しく詳細な情報を伝達し合える手段を持ったのである。協力してサバイバルし，進化した人類にとって，言葉は大きな武器となったといえよう。日常生活においても，言葉は重要である。学校に行っても友だちがいないとつまらなく感じ，家に誰もいないと退屈するのはなぜか。それは，話ができないからである。

　親しい人間関係において最も大切なことは，お互いのコミュニケーションであるが，その中心はやはり話すこと，言語的コミュニケーションである。とりとめのない会話のなかで，私たちは相互の理解ができ，人間関係をスムーズに行い，関係を発展させ深めることができるのである。

　人間関係を良くするのも悪くするのも，その主要な要素は二人の間の会話，つまり言語的コミュニケーションである。ここまで話したように，アイ・コンタクトやタッチングなど，非言語的な身体的メッセージは重要であるが，ただ見つめ合っていても，またいきなりタッチしても，相手は不愉快に思うだけである。人間関係は，目と目が合った後，言葉のやりとりによって始まるのである。人間関係が進展していく過程では，相手との言葉のやりとりから，その人の性格などを考え，つきあいを考えていく。相手の人との大部分のコミュニケーションは言葉のやりとりで，それは，非言語的コミュニケーションを伴った言語的コミュニケーションである。酒で友情が深まるというが，初めて飲みに行ったときに，二人が何も言わずに酒ばかり飲んでいても，友情は深まらない。相手が理解できないと友情は深まらないのであ

トピックス 3-7

親と身体的接触をしていますか？

●バーンランドの対人接触度の日米比較調査●

　身体各部位が描かれている右下の図を見てほしい。そして、高校入学以来、あなたの親や友人があなたの各部分にどれくらい触れたか、また、あなたが親や友人の各部分にどれくらい触れたかをチェックしてみてほしい。

　これにより、親しい人間関係において、あなたがどのくらい直接的な身体接触をしているかが分かる。身体の各部分の接触度を調べるこの図を、**タッチング・マップ**（接触地図）という。

　バーンランドの研究はこのようなマップによって、日本とアメリカの若者の身体的接触度を調査している。実験は、大学生に図のような身体図を示し、14歳以後、父親、母親、同性の友人、異性の友人から各部位が触れられたことがあるかどうかを質問している。

　その結果、図に示されているように、日本の学生の場合、身体の接触が非常に少ない。たとえ親しい人との間でも触れ合いは少なく、特に父親との接触が少ない。身体接触は愛情の表現、親しみの表現といわれている。お互いに自然に触れ合うことによって、言葉だけでは表現できない愛情を伝えることができるのである。しかし、調査当時（1973年）の日本の青年の身体接触は、極めて非接触的であった。

　日本人から見れば、アメリカ人は接触的だと考えている人が多いかもしれないが、アメリカ人は自らを非接触的と思っている。それは、ラテン系の人々が極めて接触的だからである。最近は、日本にもいろいろな国から外国人が来ている。そんな人たちのつきあい方を見てみると、互いに身体に触れ合う回数が多いことに驚く。ラテン系の人は大きなアクションのボディ・ランゲージと身体的接触によって、お互いの感情をコミュニケートしているし、ロシア人は男同士髭面で頬をすり寄せて友情を交換している。

　グローバル化された社会で、日本人はこのような外国人とどのように接していいか、難しい面がある。

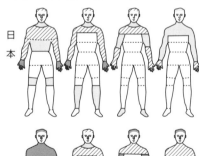

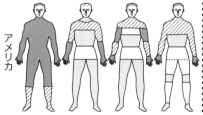

図　身体的接触（Barnlund. 1973をもとに作成）

る。友情を深めるには，会話による自己開示，言葉による賞讃である。自己開示についてはすでに前章で述べてある。賞讃についても自己呈示のところで述べてあるが，カーネギーはその著書『人を動かす』の中で，言葉でほめることの重要性を何回も強調している。

5　eコミュニケーション

　スマホが手離せない，ケータイが鳴らないと寂しい，メールが入っていないとどうしたんだろうと思う。そんな人が増えている。

　SNS，携帯電話やeメールの普及はすさまじく，電子機器による人と人のコミュニケーションが大幅に増加している。eコミュニケーションは，人間関係に何か変化をもたらしているのであろうか。大きな変化は，個人間コミュニケーションが容易になったことで，関係が密になり，またプライベートになったことである。逆に，SNSなどで，交友関係が容易に広がることも特徴である。地理的制限を超えて，グローバルな関係も容易になっている。もちろん，これらは良い面だけでなく，不都合な面も生まれている。

　最近のeコミュニケーションの対人心理学的研究で，メールによるコミュニケーションは対面的コミュニケーションよりも，対人間の地位の高低による力関係を弱め，議論がより活発になるとしている。また，メールによるほうが本音で話すことも分かってきている。ただ，eコミュニケーションのほうが本音が出やすいことは，批判や悪口も出やすいことになり，対立や反発も生じやすいことになる。メールによる友だちづくりも盛んになっているが，表面的関係だけの人間関係が増えているとの指摘もある。また，これまでの対面的人間関係が外見から入るのに対して，メールの場合，外見が見えない場合，内面から入るという特徴を持つ場合もある。ただ，本当に親しい人とは，声で話したいと思っている人が多い。声のほうが非言語的コミュニケーションを多く含み，感情を感じさせるコミュニケーションであるといえよう。さらには，会って直接，もっと話したい，と思うのは自然であろう。

トピックス 3-8

売り言葉に買い言葉

● ネガティブ・コミュニケーション ●

売り言葉に買い言葉。嫌悪的人間関係の二人は，それぞれは何とか関係を良くしようと思いながらも，話をするとけんかになってしまうことが多い。うまくいっていない二人のコミュニケーションは，どうしてうまくいかないのだろうか。友好的なカップルの会話と対立的カップルの会話の比較から，対立的なカップルの会話には，次のような独特の**ネガティブ・コミュニケーション**があることが分かっている。

(1) 悪意のマインド・リーディング

対人コミュニケーションにおいては，言葉のやりとりとともに，相手がどうしてそのようなことを自分に言ったのかという相手の心理の推測をする。相手の言動の奥にある心理を読むことを，マインド・リーディングという。対立的な二人は，互いに相手の心理を読むとき，相手を悪意を持っている方向に読む傾向が強い。このため，仲の悪い二人が会話をすると，関係がますます悪化することになる。

(2) ネガティブ・インパクト・コミュニケーション

対立的な二人は，ショック度の大きいネガティブな情報交換をする頻度が高い。

(3) 相互非難コミュニケーション

対立的な二人は，互いに相手を非難し合う「クロス・コンプレイニング」が多発する。たとえば，「あなたはいつも帰りが遅い」「おまえこそ遊び歩いているくせに」といった具合に，非難合戦が始まってしまう。そこには，相手の正当性を認める発言はない。一方，友好的な二人は，不満は言ってもお互いの行動の正当性を認める発言が多い。

(4) 勝負のコミュニケーション

対立的な二人は，意見が違ったとき，勝つか負けるかという戦いのコミュニケーションを行う。一方，友好的な二人は，妥協点を見いだし，解決を図ろうとするコミュニケーションをする。

(5) メタ・コミュニケーションへの陥り

メタ・コミュニケーションとは，コミュニケーションについてのコミュニケーションである。たとえば，「どうしてそんなことを言うの？」とか，「話していることが分からなくなってしまった」などである。友好的な二人もメタ・コミュニケーションを行うが，すぐに抜け出して普通の会話に戻る。対立的な二人の場合は，いったんメタ・コミュニケーションにはまるとそこから抜け出せず，通常の会話に戻れないことが多い。

(6) 自己完結的コミュニケーション

自己完結型コミュニケーションとは，自分の言ったことを自分でまとめてしまう話し方である。このため，本来の意味の相互的コミュニケーションは成立しない。

第4章

好きと嫌いの人間関係

好きな人のことを思い浮かべてほしい。好きな人と一緒にいると楽しいし，好きな人のためなら何でもしてあげたいと思うだろう。反対に，嫌いな人は思い出すのも嫌だろうし，一時でも一緒にいたくないと思うし，イライラして不快感を感じるであろう。

好き嫌いは人間関係の最も基本的な感情である。好き嫌いを抜きに人間関係は考えられない。では，人はどんなときに，人を好きになったり，嫌いになったりするのだろうか。今，思い浮かべた好きな人，その人をどうして好きになったのか，その理由を考えてみよう。

1 好意的人間関係

人間関係の心理学の研究では，次のような条件や状況のとき，好意が生まれるとしている。以下，それぞれのなかの代表的なケースを，実証的データを含め説明していく。

! POINT

好意の成立条件

❶ 相手からの好意や称賛（自尊心の是認，互恵性，サポートなど）

❷ 相手との相性（趣味や性格，育ちなどの類似性，相補性など）

❸ 自分の心理状態（自己評価，生理的興奮，アルコール度など）

❹ 相手の人の魅力（外見，容姿，服装，匂いなど）

❺ そのときの状況や環境（対人距離，温度，風景，危機など）

❻ 相手との相互作用（その期待と実際の相互作用，言葉や行動のやりとり，自己開示など）

---

1) 自尊心の是認と互恵性

ある人を好きになったきっかけとして，案外本人が気づいていないのが，この自尊心の是認である。そこで，もう一度，好きになったその人との出会

トピックス 4-1

見れば見るほど好きになる

●ザイアンスの好意の単なる接触理論●

　ホマンズやニューカムらの古典的な社会心理学者の研究では，人は相互作用すればするほど，お互いが好意を持つとしている。それは，お互いから容易に社会的支持や是認の報酬を得られるからである。しかし，彼らの理論だと，ただ単に何度も顔を見たということだけでは，その人に好意を持つようにはならない。これに対して，ザイアンスは，ただ単に繰り返し人や物を見ることだけで，その人や物に好意が生じるとした。この効果を**単なる接触の効果**と呼ぶ。そして，次のような実験で証明した。

　実験は，「顔写真を何回も見て，写真の顔をどのくらい憶えているかをみる記憶テストである」と言われる。学生の顔写真は12枚で，大学の古い年鑑から取り出した。実験の手続きは，12枚のうちの10枚の顔写真をランダムに86回提示した。提示時間は各回2秒である。提示回数は，25回，10回，5回，2回，1回，0回が各2枚ずつである。提示終了後，記憶テストとして各写真の記憶を調査し，同時に写真の人に対する好意度も調査した。この実験で顔写真を見る回数と好意度との関係をみた。ここでは記憶の結果よりも，好意度のほうが重要なデータである。

　実験の結果，参加者は，何回も見た顔写真に対しては，顔の外見に関係なく好意を持つこと，しかも，見た回数が多ければ多いほど，ほぼ直線的に好意度が高くなることが実証された。顔の外見にはほぼ関係なく（下図のとおり，まったく関係ないわけではない），単に何度も顔を見ただけで，その人に好意を持つようになったのである。

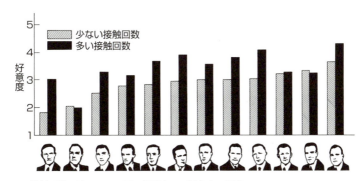

図　接触回数の違いによる同一顔写真への好意度の相違 （Zajonc, 1968 をもとに作成）

いの頃のことを思い出してみよう。最初の出会いのときに，相手の人から，「なかなかいいセンスしているね」とか，「頭いいね」とか，「可愛いね」などと，ほめられたことがきっかけになって好きになっていないだろうか。

　相手からのプラスの評価は，相手への好意をストレートに生む。なぜなら，人は，自分をプラスに評価したいと思っていて，自分が優れていたらいいなと思い，自尊心を高めたいと思っている。しかし，自尊心を高めたり，確認する機会はなかなかない。そんななかで自尊心を最もはっきりと確認できるのは，周りの人からの良い評価である。テストの成績が良くても，その成績を「すごいね」と言われてはじめて自尊心が満足され，自己評価を高めることができる。私たちは人から高く評価されることによって，自分に自信と確信を持つことができる。この**自己是認欲求**は，人間の基本的欲求である。自分をほめてくれる人はこの欲求を満たしてくれる人なので，そんな人には当然好意を持ち，探してでも一緒にいたいと思うのである。

　このことは，逆に人から好かれるための基本的アプローチを教えている。つまり，相手の人をほめるということである。ほめることによって，好意を得ることができるのである。カーネギーは，人間関係論の古典的名著『人を動かす』の中で，人から好かれるのには，とにかくほめることであると，繰り返し述べている。このことをアロンソンとリンダーの研究が実験的に証明している（トピックス 4-2）。

　ほめられたいという欲求のもとには，相手から好意を持たれたいという欲求がある。この欲求は，満たされていないと寂しさを感じるので，自分でもかなり意識される。寂しいとき，相手の人から好意を示され，好かれていることを確信できると，この欲求が満たされる。そして，この欲求を満たしてくれた人，これから満たしてくれそうな人に好意を持つことになる。

　このように，人は，自分を好きになった人を自分も好きになる。これを好意のお返しをするという意味で，**好意の互恵性**，あるいは**好意の返報性**という。人の感情は計算づくではいかないという面もあるが，好かれた分，好きになるというこの互恵性原理はかなりバランス的で，好意関係は計算的であることを示している。だから，誰かを好きになったら，その分，相手の人からも好かれたいと思うし，好きになった人に好かれないと，気持ちが安定し

トピックス 4-2

ほめれば，好かれる

●アロンソンとリンダーの好意の互恵性の実験●

　アロンソンとリンダーは，好意は，自分への評価の獲得や喪失と関連するとして，次のような好意の互恵性実験を行っている。

　実験者は女子学生に，実験の助手を依頼する。しかし，実は，この女子学生が研究対象者である。その実験は7回のセッションに分けられていて，各回ごとに助手の学生は，他の学生から自分自身に対する評価を聞くことになる。評価は，「良い人だと思う」という好意的評価もあるし，「話し下手？」などの悪い評価もある。実験はこの評価内容を変化させて，好意との関係を見たのである。

　実験中に，女子学生が聞くことになる自分への評価は次の4条件である。

〈前半〉　　　　〈後半〉
良い評価　→　悪い評価
悪い評価　→　悪い評価
良い評価　→　良い評価
悪い評価　→　良い評価

　実験終了後，女子学生に，実験中に自分を評価した学生への好意度を聞いた。もちろん，この回答がこの実験の一番知りたいところである。

　結果は，高い評価が好意度に強く影響していることが分かり，好意が好意で返される互恵性が証明された。ただし，最初からほめ続けた学生よりも，途中からほめた学生への好意のほうが高かった。

　アロンソンとリンダーはこれを「**好意の獲得-損失効果**」と呼んでいる。実際のやりとりを通じて，相手から新たに高い評価を獲得したときは喜びが大きく，自分の行動が評価されたことを知ることで，特に好意を持ったとしている。逆に，ほめられた後でけなされると，評価を失ったことでそのショックは大きく，最初からけなしている学生より，さらに相手を嫌いになっていた。

　いずれにしろ，相手に対する好悪の感情は，最終的に，ほめられているか，けなされているかが重要で，直近の評価が，相手への好意の大半を決めていることが明らかにされた。

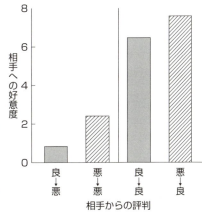

図　相手からの評価とその人への好意度の関係
（Aronson & Linder, 1965をもとに作成）

ない。どんなに好意を持っていても，一方的に好いて，それで十分というわけにはいかないのである。

2）　類似性と相補性

　気が合う，ウマが合う，趣味が合うなど，相手の人と自分の性格や気持ちや意見や行動が一致していると，その人に好意を持つ。このことは，トピックス 4-3 で紹介するバーンとネルソンの詳細な研究で実証されている。また，郷土が同じ，出身校が同じなど，幼少体験や学校体験が一致していることを知ると，その人に好意と親しみを感じる。

　では，なぜこのように自分と類似，あるいは一致している人に好意を感じるのだろうか。心理学では自分と類似，あるいは一致している人に好意を感じる理由を，バランス理論や社会的交換理論で説明している。

（ⅰ）　バランス理論

　対人関係研究の創始者ハイダーは，対人関係における二人の人の間の感情的関係を公式化し，**バランス理論**を提唱している。この理論では，感情間の関係にはバランス状態とインバランス状態とがあるとしている。

! POINT

バランス理論の基本

❶ バランス状態＝心理的安定
❷ インバランス状態＝心理的不安定→バランス状態に移行する動
　機づけが生じる

　この理論では，バランス状態は心理的に安定しており，インバランス状態は不安定なため，インバランス状態のときはバランス状態に向かうように心理的に動機づけられているとしている。

　バランス理論によると，対人関係の好悪は，自分と相手と当該の事項の三つの間の感情関係のバランスによって決まるとされている。ハイダーのいう

トピックス 4-3

同好の士，類は友を呼ぶ

● バーンとネルソンの意見類似性と好意の実験 ●

誰でも話をしていて意見が合うとうれしくなる。人は自分と同じ意見を持っている人に好意を持つ。それも，いろいろな事柄について意見が合うと，ますますその人が好きになる。この**類似性効果**を実験的に証明したのが，バーンとネルソンの研究である。

バーンらは学期始めにあらかじめ，実験とは関係なく，教育，福祉，人種，文学など，さまざまな問題についての意見調査を行っておいた。これにより，各人がどんな意見を持っているかを事前に知っておいた。実験当日，実験は一定の情報からどれくらい正確に人を判断できるかという，対人知覚の実験であると伝えた。手渡した情報とは，以前に答えた意見調査の他の人の調査票である。そこには，その人の意見が記されている。

実験課題はその調査票を見て，その人の知的能力，教養，道徳性，そして，その人への好意などを判断することである。ただし，ここでは，手渡す他の人の調査票は本物ではなく，実験者により作成されたものである。各自に渡す調査票は，本人が以前答えた意見を元に本人との意見の一致度を作為的に作成したのである。手渡す意見の一致項目数は4個，8個，16個の3条件がある。また，一致度は100%，67%，50%，33%の4条件である。たとえば，類似数が8項目で一致率が67%の場合，全項目数は12となり，類似数が16項目で一致率が33%の場合，全項目数は48となる。

実験の結果，意見の一致と好意度の関係は，下表に示されているように，明らかに一致率が高くなれば，それに応じて好意度が増しており，意見が同じ人に好意を持つことが実証されている。ただし，一致した項目の数によって好意度を増すのではなく，一致の比率が高いと好意を生じることが分かった。同じ8項目の一致でも，16項目中8項目の50%よりも，8項目中8項目の100%のほうが好意度が高い。意見が不一致だとその分，好意度は低くなる。

表　対人好意を決定する要因としての意見の類似数と類似比率の比較

(Byrne & Nelson, 1965 をもとに作成)

態度類似の比率	類似した態度の数		
	4	8	16
100%	11.14	12.79	10.93
67%	10.79	9.36	9.50
50%	9.36	9.57	7.93
33%	8.14	6.64	6.57

＊数値は好意度の平均値で，高ければ高いほど好意的。

三者間のバランス状態とは，関係間の三つの感情の各プラス（好意）マイナス（嫌悪）をかけ合わせた結果，トータルでプラスになったときである，としている。そして，逆に，三つの関係間の各プラス・マイナスをかけ合わせた結果，マイナスになったときは，インバランスということになる。それについてはトピックス4-4で詳しく説明する。

（ⅱ） 社会的交換理論

　同一の趣味を持ったり，同じスポーツをしている人は，**心理的報酬**という点からお互いに大きな報酬を授受し合える状態にあるといえる。心理的報酬とは簡単にいうと，喜びや快感を感じるということである。たとえば，ある人がカラオケ好きだとする。しかし，一人ではカラオケには行きにくい。行ってもあまり楽しくない。一緒に歌ってくれる相手が必要である。そんなとき，カラオケ嫌いの人につきあってもらうのは大変である。たとえ，その結果，歌えたとしても，気苦労（マイナスの心理的報酬）は大きいので喜びは少なくなる。しかし，カラオケ好きの人と一緒だと気兼ねなく楽しむことができる。このため，喜び（プラスの心理的報酬）は非常に大きくなる。そして，大きな喜びを与えてくれる人に私たちは好意を持つことになる。

　ところで，同じ趣味や意見の人と一緒にいると，前述の自己是認欲求や自尊欲求も容易に満たされることになり，この点でも大きな心理的報酬が得られる。人は自分の趣味をほめられたり，賛同されると，自分がほめられたように思う。このため，この欲求が満たされる。同一趣味の人と一緒にいると，その人は，その人自身の意見として，その趣味がいかにおもしろくて価値があるかを話すことが多い。同一趣味の場合，その話を聞いているだけで，そのままストレートに自分の意見が肯定され，ほめられることになる。だから，同じ趣味の人と一緒だと，自然な形でお互いに心理的報酬の**社会的交換**がなされ，自己是認が得られ，相互に自尊心が満たされるのである。当然，そんな人と一緒にいたいと思い，その人に好意を持つようになる。このように心理的報酬という点から見て，同じ趣味や同じ郷土の人には好意を持つようになるのである。

　さて，相性が良いのは，単に意見や態度が一致している場合だけではない。まったく反対の性格がゆえにうまくいき，お互い好意を持つこともあ

トピックス 4-4

趣味の同じ人が友だちになる理由

●ハイダーのバランス理論●

ハイダーのバランス理論は，自分と相手と，二人の間の話題の三者との間の，感情のバランスを問題としている。下図のイラストによって説明していく。

たとえば，自分は，山登りが好きだったとする。すると，図のように自分（P）から事項（X）への記号は，プラスの感情となる（すでに記入済み）。自分が初めて会った人と話をしたら，その人も山登りが大好きだと言ったとする。すると，相手（O）から事項への記号も，プラスの感情となる（記入済み）。このようなとき，自分（P）の相手（O）への対人感情はどうなるか考えてみよう。

バランス理論は本文で説明したように，この三つ間の関係のプラス・マイナスの記号をかけ合わせた結果がプラスになるように動機づけられるとしている。となると，すでにP-Xはプラス，O-Xもプラスなので，三つの記号をかけ合わせた結果がプラスになるP-Oの記号 ? は，プラスということになる。それは自分の相手への感情がプラスということ，つまり好意を持つということになる。

この公式は趣味が同じ人全般にいえるわけで，趣味や関心が同じだと，理論上自然と相手の人に好意を持つようになることを示している。

では，趣味が合わない場合の関係をこのバランス理論で考えてみよう。相手の人は山登りが嫌いだと知る。すると，この関係図はP-Xはプラス，O-Xはマイナスとなる。三つをかけ合わせた記号がプラスになる場合は，?=マイナスとなる。つまり，自分の趣味を非難した相手の人には好意を持てない，ということになる。また，すでに三つの関係が明確になっていて，関係がインバランスの場合，バランス理論は，図のようにその関係がバランス関係になるようにいずれかの関係のプラス・マイナスを変えるように動機づけられるとしている。

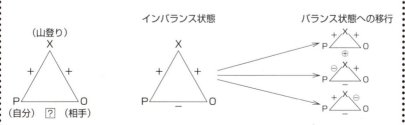

図　ハイダーのバランス理論（Heider, 1958をもとに作成）

る。このようなケースは，お互いが相手を補完する関係にあり，ちょうど歯車の凸凹が噛み合うような場合である。前のめりタイプの人と後ろからサポートするのが得意な人との関係である。これを**性格的相補性**と呼ぶ。この場合も，相互に高い心理的報酬を得ているのである。それゆえ，相手に好意を持つことになる。トピックス4-5で紹介しているように，異性間の好意にはこの相補性が働くことも多いと考えられる。ただしこの関係は，歯車が合っているときは良いが，合わなくなると，とたんに壊れる危険性を持っている。

3) 自己評価の高低

　ある人を好きになる理由を考える場合，つい忘れがちなのが，自分の側の心理状態である。人を好きになる理由としては，相手の人の魅力や相手の人の行動，社会的地位など，相手の側の条件が思い出されがちである。しかし，意識的ではないが，本当に好きになった理由や原因が，自分自身の心理状態にあるということも実は少なくない。

　人への好き嫌いの問題は感情の問題である。だから，そのときの自分の感情状態が，相手の人への好悪感情に大きく影響するのである。たとえば，大きな失敗をしたり，人から非難されたりすると，自己嫌悪に陥り，落ち込んでしまう。しかし，トピックス4-6の実験で証明されているように，そんなときにこそ，近くにいてくれる人がいたら，その人に好意を感じることになる。落ち込んでいるときになぜ人を好きになりやすいかというと，それは自己評価が低下しているためである。自分が低下していると，相対的に近くにいる人への評価は上がる。いつもより素晴らしく見えるので，その分，好意は生まれやすい。

　また，自己嫌悪に陥ったときは，自分に自信がないので近くの人の支えをより必要と感じる。心寂しく感じているので友人のちょっとした心遣いもいつもより強く感じ，感謝し，好意を生むことになる。落ち込んだときは，好意を持っている人に対して自らアプローチする力はないが，相手の人の好意をストレートに，しかも深く受け入れる心理状態にある。「こんなだめな自分に好意を持ってくれる人」に，心を動かされるのである。

トピックス 4-5

女性的な男性は好かれない!?

●セイフリードとヘンドリックの性差の相補性と好意の実験●

対人関係における相補性の魅力とは，自分にないもの，欠けているもの，自分が欲しいと願っても叶えられないものをその人が持っている場合や，凸に対する凹のように，自分と反対の性格等を持っているために魅力を感じる場合である。

この相補性の魅力は，恋愛や結婚など異性への好意で生じやすい。ステレオタイプ的に，女性は強い男性に憧れ，男性は可憐な女性が好きになる。その逆は難しいが，無くはない。実際にそのような性差による相補性に対する魅力があるかどうか，セイフリードとヘンドリックの研究はそのことを実験的に検討している。

参加者は男女大学生で，まず各自に自分について，男性性，女性性を調べる性度調査を行った。

次に実験として，同じ調査を行った見知らぬ人の調査票を渡し，その人の性格を推定するという課題を与えた。同時にその人に対する好意度も聞いた。

参加者に提示された他の人の調査表は，次のような特徴を持っていた。

(1) 男性的傾向の強い男性
(2) 女性的傾向の強い男性
(3) 女性的傾向の強い女性
(4) 男性的傾向の強い女性

実験の結果，各々の性にふさわしい傾向を持った人，つまり，男性は(1)の男性性の強い人，女性は(3)の女性性の強い人が，いずれの人からも好意的に評価された。なかでも一番好意を持たれたのは，男性的傾向の強い男性で，男女とも最も高い好意度を示した。逆に，最も好意を持たれなかったのは，女性的傾向の強い男性であり，特に女性からは嫌われていた。いずれにしても，自分の性と類似した異性に対し好意は示されず，好意の対象に性差があり，このことから男女間の相補的魅力が明らかにされた。

ただし，このような性役割や性役割期待は，時代や文化により異なる。最近のメディアの草食系の話題などは，この結果がそのまま，今の日本に当てはまるとは限らないことを伝えている。

では，逆に，成功して自信に満ちあふれたときは，人に好意を持ちやすいのであろうか。プライドが高くなり自己評価が上がると，人はアクティブになる。だから，好きな人へのアプローチがいつもより積極的にできる。このため，恋愛が成功する可能性が高まる。また，その積極性と自信のある行動が高く評価され，好意を持たれる。しかし，自己評価が上がると，下がったときとは逆に，相対的に近くにいる人を低く評価する。すると，近くの人があまり魅力的に見えなくなってしまい，人を好きになるチャンスが少なくなってしまう。しかも，自信を持ったアプローチが，他の人から見ると尊大に見えることにもなりかねない。いずれにしろ，自己評価が高くなったり低くなったりしたとき，感情が揺り動かされ，好き嫌いの感情もそれに応じて増幅することになる。このため，自己評価が変化したとき，恋愛など好意的人間関係も，失恋など嫌悪的人間関係も生まれやすいといえる。

4）　ルックスの魅力

　「好きな異性の特徴は？」と聞かれると，まず第一に相手の人の容姿，身体的魅力を思い浮かべると思う。人は外見の美しさに魅力を感じるが，特に異性に対してはその美しさに魅了される。異性への好意は「カッコよくてイケメン」とか，「美人でかわいい」など，身体的魅力の影響が大きい。といっても，もちろんそれは単に形に魅了されるのではなく，形からのイメージに魅了されるのである。顔の形や容姿，スタイル，服装などから，清潔さ，優雅さ，頼もしさ，知性，セクシーさなどを感じ，好きになる。

　初対面のときは，特に**外見的魅力**（ルックス）は重要である。それは相手を判断する材料が外見しかないからである。就活や合コンのときは，特に外見によって自分のイメージを良くする印象管理が必要である。

　では，人はどのようなルックスの人に魅力を感じるのだろうか。その決め手は，これまでの研究から主に次の三つであるといえる。

トピックス 4-6

落ち込んでいるときが，恋のチャンス！

●ウォルスターの好意の自尊理論の実験●

　ウォルスターは，自己評価と好意との関係について，自己評価が高くなったときでなく，低くなったときに，人は愛情を受け入れやすく，他者に好意を感じやすいという，**自尊理論**（低自己評価好意理論）を提唱した。たとえば，失恋したり，受験に失敗したときなどは自己評価が低められるので，異性からのアプローチは受け入れやすく，恋は生まれやすいといえる。ウォルスターは，この理論を実証するために，次のような実験を行っている。

　実験者は参加者の女子学生に，「この実験は，性格とカウンセリングの関係を調べるものです。これから性格検査とインタビューを受けてもらいます」と伝える。このときすでに参加者は，実験の数週間前に性格検査を受けている。実験当日参加者は，インタビューを受けるために指定された部屋に行くよう指示される。しかし，そこに実験者はまだ来ていなくて，参加者よりやや年上のハンサムな男子学生がやってきて，とりとめのない話を15分くらいする。そのなかで男子学生は参加者の女子学生を，「次の週，サンフランシスコのディナーショーに一緒に行かない？」とデートに誘う。躊躇している参加者には，またあとで電話すると伝えた。しばらくすると実験者が遅れて部屋に入ってきて，「インタビューと性格検査を行う」と言う。このとき，助手が見当たらないことから，例の男子学生に助手を手伝ってもらうことになる。次に，実験者は，参加者に数週間前に行った性格検査の結果を伝えた。しかし，実はこの検査結果を，実験者は自己評価を上下する手段として使ったのである。つまり，テストの結果はセラピストにより分析されたものであると参加者には伝えたが，本当は，実験者のほうで，自己評価を低める内容と自己評価を高める内容とを参加者に割り当てて説明するのである。実験の最後部分で，対人好悪の調査を行うが，対象者は，参加者自身や例の男子学生を含めた具体的人物5名である。対象人物に対する好意度を匿名で回答してもらう。ここで知りたいデータは，自己評価の高低の操作が，例の学生への好意度に影響を及ぼしているかどうかを見ることである。

　実験の結果，自己評価を低められた参加者のほうが，高められた参加者よりも，例の年上男子学生により好意を持ったことが明らかになった。これにより，自尊理論は実証されたことになる。

> ## !POINT
>
> ### 外見が魅力を決める理由
>
> ❶ 形からくるイメージ
> ❷ 子どもの頃からの学習経験
> ❸ 進化心理

❶の形からのイメージとは，形そのものが持っている魅力である。私たちは，鋭角三角形の図形を見たとき，鋭いとか冷たいという感じを持つ。円の図形を見たときは，温かさや豊かさを感じる。さらに，このような形に対する人間の持つ基本的イメージが，好悪の感情を生む。それは，顔や容姿にも当てはまる。だから，本当の性格とは関係なく，太めの人はほがらかでのんびりした感じを与え，細めの人は知的でセンスがある感じを与える。しかし，体型と性格とは，実はあまり関係がない。

表　コンピュータ・ダンスパーティーにおける相手に対する評価 (Walster et al., 1966をもとに作成)

	回答者の身体的魅力度	相手の身体的魅力度					相手の身体的魅力度		
		低	中	高			低	中	高
①デートの申し込み比率	男子低	.16	.21	.40	③相手の人とのデート希望比率	男子低	.41	.53	.80
	男子中	.12	.25	.22		男子中	.30	.50	.78
	男子高	.00	.26	.29		男子高	.04	.37	.58
②相手への好意度	男子低	.06	.57	.90		女子低	.53	.56	.92
	男子中	−.10	.58	1.56		女子中	.35	.69	.71
	男子高	−.62	.16	.82		女子高	.27	.27	.68
	女子低	.03	.71	.96	④デート回数	男子低	.09	1.23	.73
	女子中	−.10	.61	1.50		男子中	.30	.94	.17
	女子高	−.13	.21	.89		男子高	.00	2.08	.53
＊②と⑤は点数が高いほど好意的。					⑤相手の自分への好意度の想定	男子低	.47	.52	.43
						男子中	.55	.64	.65
						男子高	.77	.53	.58
						女子低	.41	.41	.35
						女子中	.38	.58	.55
						女子高	.63	.65	.61

トピックス 4-7

恋人にはイケメンがいい

●ウォルスターらのコンピュータ・デート実験●

　若者が同じ年頃の異性と合コンなどで出会ったとき，相手がどんな人のときに好意を持ち，その後デートをしたいと思うのだろうか。ウォルスターらはコンピュータ・デート実験を行い，恋人選択における身体的魅力の重要性を実証している。

　実験者は大学の新入生を対象に，コンピュータによって相手が決まるコンピュータ・デート・ダンスパーティーを開催した。パーティーでは，初対面同士がカップルになる。主催者（実験者）は，「個人データをもとに，ぴったりの人に会えるパーティー」と説明し，個人データを集めた。しかし，実際は，男子のほうが女子より背が高いという条件以外は，個人データを無視して，ランダムにカップルを決めた。事前に，パーティー券を売るときや入力用質問紙を渡すときなどに，ひそかに一人ひとりの身体的魅力をチェックしておいた。

　さて，パーティーの後半で，男女別々になってもらい，質問紙を配布して，パートナーについて「相手にどのくらい好意を感じるか」「身体的魅力や個人的魅力をどのくらい感じるか」「今後，相手の人とデートしたいか」などの質問に回答させた。

　その結果は左頁に示されるように，好意を決めた最大の原因は，個人データでチェックしておいた態度の類似性や性格的特性ではなく，男性も女性もともに，事前にチェックしておいた身体的魅力度の高さであった。身体的魅力のある人は誰からも好意を持たれ，デートに誘われた。自分の魅力に関係なく，相手が魅力的であれば好意を持ち，デートをしたいと思うことが実証された。ウォルスターらは，**マッチング理論**に基づき，恋人を選択するとき，自分の魅力と同程度の魅力の人が選択されると予想したが，実際は，身体的魅力が高くない人も，魅力のある人とのデートを希望していた。ただし，追跡調査の結果，身体的魅力のアンバランスなカップルのデートは長続きしていなかった。また，身体的魅力のある人は要求水準が高く，自分にふさわしい人でない限り，デートをしたいとは思わない。魅力のある人は，自分のパートナーにも魅力のある人を望んでいた。

　ただ，相手の好意も考慮に入れる点を強調した別の実験では，自分と同程度の魅力の人を選ぶ傾向が強く示された。

❷の子どもの頃からの学習とは，メディアなどによる経験から，私たちは美しい人，ハンサムな人が恋人となることを学んでいる。また美人やイケメンは性格も良いということもメディアから学んでいる。それが無意識的に実生活の恋愛にも反映されるという理由である。

　私たちは，アニメやコミックを小さいときから何百回，何千回と見ている。ラブストーリーのボーイフレンドは脚が長くハンサムで，ガールフレンドはかわいくて美しい。そのことを，幼な心に学んでいる。

　そして，青年期になり自分が恋をするとき，そのイメージが強く働くことになる。恋人は恋愛コミックに出てくるようなルックスの人と，思うのである。スマホ，ゲーム，テレビやコミックなど，大量の視覚情報のなかで育っている今の世代は，恋愛スタイルや恋の相手も，これまで以上に外見的魅力の影響を受けるといえよう。なかには，そこから抜け出せない二次元恋愛に陥っている若者も現れている。

　❸は恋愛はロマンティックなイメージを持つが，その背景には，人類という種を保存するための性衝動に基づく進化のプロセスがあることによる。恋愛は個人個人の自らの遺伝子を未来につなげるための性戦略で，最適の恋人選びを行っている。男性も女性もより魅力的な相手を選び，また，より魅力的な相手から選ばれるように恋愛戦略を練っているのである。では，進化の過程で，どのような男性が，あるいは女性が魅力的とされてきたのであろうか。進化心理学の研究としては，バスらの研究が代表的で，世界各地で大がかりな調査を行い，比較文化的データから恋愛戦略の実証的研究を行っている。その結果，男性は自分の遺伝子を残すため，文化を超えて，より健康的で，若く，胸が大きく，腰が細い（妊娠してないことを示す）女性を好み，一方，女性は，自分と生まれてくる子どもを長期に守ってくれる男性を好み，背が高く，地位や財力がある男性に魅力を感じている。また，男女とも，パートナーとして健康の不安のない人を好むため，左右対称のシンメトリー顔や平均顔の人に魅力を感じている。このことは，実験的に明らかにされてきている。

トピックス 4-8

近い人と親しくなる

●シーガルの物理的近接性と友人形成の実験●

中学・高校時代，親しかった同性のクラスメイトを思い出してみると，部活を別にすると大半の友だちが座っている席が近かったことに気づくだろう。気が合うから友だちになったと思っているが，実は自分の席の前後左右の席の人が多い。偶然の座席の位置や，対人距離によって，友人が決まっていたのである。

このことを，シーガルは警察訓練学校での研究で実証している。互いに未知の学生はアルファベット順に席が決められ，授業を受けた。6週間後，学生に友人の名前を挙げさせた結果，アルファベットが近い人が友人に多いことが分かったのである。

人と人との対人距離は二人の心理的距離に非常に密接な関係がある。その理由は主に次の三つである。

(1) 物理的距離が近いと心理的距離も近くなる。つまり，好意を持つ。
(2) 近くにいる人とのつきあいは心理的コストが低い。
(3) 単なる接触の効果（トピックス4-1参照）。

(1)は**認知的不協和理論**から説明できる（トピックス5-5）。私たちは好きな人と一緒にいたい，近くにいたいと思う。嫌いな人とはできるだけ離れていたいと思う。このため，〈好きな人＝近くにいる〉という図式が頭に入っている。そこで，いつも近くにいる人はこの法則が逆に働き，近くにいるのだから嫌いではない，好きなのだと思うようになる。そのほうが自然で，感情的にも納得がいく。ただ単に近くにいるだけで，この対人距離が効果を持ち，好意を持つようになるのである。

(2)は**社会的交換理論**からの説明である。心理的報酬の点から考えて，近くにいる人に好意を持つようになるのである。たとえば，学校で筆記用具を忘れたとき，誰に借りるかというと左右の隣の人であろう。それは簡単に話ができ，動作も少なくて済み，先生にも気づかれにくい。嫌な思いをせずに済むので，心理的コストは低いといえる。遠くの席の人に筆記用具を借りるのは大変である。このような心理的コストのかかる行動はとらない。教室でのたいていの行動は，コスト・パフォーマンスを考えて，近くの人とのやりとりが多くなるのである。そして，やりとりをし，相互作用をしていくなかで互いに相手を知り，ますます気安くなり，信頼関係ができ，友だちになるのである。

(3)の**単なる接触**も好意を生むが，それに加えて，相互作用も多くなるので，そのことにより好意を増す。基本的には相互作用が増せば増すほど，二人の間の好意も増大する。

2 嫌悪的人間関係

　自分から人を嫌いになりたい人はいない。人から嫌われたいという人もいない。しかし，嫌いな人がいないという人はいない。誰からも嫌われていない人もいないだろう。私たちは人を好きにもなるが，嫌いにもなる。好かれることもあるが，嫌われることもある。では，どうして人は人を嫌いになるのだろうか。また，人から嫌われるのだろうか。

　人を嫌いになる心理的理由としては，前述した好意が生じる条件を逆に考えることにより，相手に嫌悪感を生じる条件や状況が分かってくる。人を嫌いになる理由として，次のような原因が考えられる。

POINT

相手の人に嫌悪感を感じるとき

❶ 自尊心を傷つけられたとき　　❺ 自分の心理状態が悪いとき
❷ 相手が自分を嫌っているとき　❻ 自己領域が侵害されたとき
❸ 趣味や意見の不一致のとき　　❼ 相手の容姿や行動
❹ 心理的不利益を受けたとき　　❽ そのときの状況や環境

　　　　　　　A　　　　　　　　　　　　　　B
　　　写真　吊り橋実験の吊り橋（A）と固定橋（B）

トピックス 4-9

吊り橋の上の一目ぼれ

●ダットンとアロンの生理・認知説の吊り橋実験●

シャクターは，人が感じる情緒は生理と認知の二つの要因によって決定されるとし，**情緒の生理・認知説**を提唱している。この考えを元にダットンとアロンは，偶然の生理的興奮によって，ある人に恋心を感じてしまうことがあることをフィールド実験で実証している。

実験フィールドは，左頁の写真Ａのようなカナダのバンクーバーの峡谷にかかる大吊り橋を選んだ。橋の中央で，揺れる橋を渡って来た青年男子に女子学生が声をかけた。「自然景観と創造性の関係について研究しているので協力してほしい」と依頼した。そして女子学生は，若い女性が顔を押えているイラストを見せ，「この絵から，一つの物語を作ってください」と言う。物語作成が終わると女子学生は，「今は時間がないが，もしこの研究に興味があればいつでも説明しますので，ここに電話をください」と電話番号を男性に渡した。

実験は，電話番号を渡した男性が電話をかけてきた場合，好意を持ったと考え，実際に吊り橋と左頁の写真Ｂのような別の固定橋で行った実験のうち，何人が電話をかけてくるかを待った。その結果，吊り橋での実験の半数が，電話をかけてきた。一方，固定橋実験の男性は，ほとんど電話をかけてこなかった。女子学生はどちらも同じだった。にもかかわらず，両者に差が生じたのは，橋に原因があると考えられる。

吊り橋を渡っていた男性は吊り橋が揺れるので生理的に興奮する。この興奮は一目惚れをするときの興奮と生理的には大差ない。そこで，興奮状態で女子学生に会うと，「こんなに興奮を感じるのだから，自分は一目ぼれしているに違いない」と思ってしまう。その興奮を，状況要因の女子学生に原因があると認知したのである。その好意が，電話をさせたのである。固定橋では興奮は生じない。するとこのような心理メカニズムは働かないので好意は生じず，電話はしない。また，吊り橋の上の調査依頼者が男性だった場合はどうかというと，ほとんど電話はかかってこなかった。生理的興奮度は同性間では好意に結びつかなかったのであろう。

表　吊り橋実験の結果（依頼者が女性の場合） (Dutton & Aron, 1974 をもとに作成)

	回答人数	受け取った人数	電話人数	創作内容の性的得点
固　定　橋	22/33	16/22	2/16	1.41
吊　り　橋	23/33	18/23	9/18	2.47

好意の互恵性のところで，好意は相互的であることを話したが，嫌悪の相互性は，好意以上に明確に示される。これを**嫌悪感報復性**という。人は相手が自分のことを嫌っていることを知ると，即座に，その人に嫌悪感を持ってしまう。嫌悪に関しては，好意以上に社会交換的である。

　そして，嫌いな人同士は，会話をしたとしても第3章のトピックス3-8で示したようなネガティブ・コミュニケーションになりやすく，コミュニケーションをとることで，さらに嫌悪感を増してしまう傾向がある。人間関係を悪くしないためには，自分が嫌悪されるような要因を抑え，また会話のとき，このようなネガティブ・コミュニケーションに注意する必要がある。

　ところで，嫌悪は怒りを生み，怒りは相手への攻撃的行動を生じさせやすい。この怒りや攻撃行動は，進化心理学的アプローチでは有効な対人戦略であるとされる。攻撃行動は一見，社会的に不適応な行動に見えるが，実はそうではなく，人類進化の過程で，むしろ適応的に獲得した傾向であるとしている研究者もいる。つまり，進化心理学的にいうと，より攻撃的特性を持った遺伝子を持った人のほうが，生き残りやすいというのである。バスらの研究によれば，攻撃性が強いほうが食料が獲得しやすく，また，他からの攻撃にも防御力が強く，配偶者の獲得にも有利となるからだとされている。

　こうした進化の過程を考えると，大きく発達した人間の脳の神経システムには，嫌悪から怒り，そして攻撃行動を覚醒させる領域があると考えられる。そのような点から近年，脳生理学的研究が進められており，攻撃行動を生じさせやすい脳の部位も特定されてきている。同時に，殺人など極端な暴力的犯罪者の脳の特性の研究なども進められている。

第5章

援助の人間関係

1 援助行動の心理

　東日本大震災，フィリピンの台風，ヨーロッパの難民，アフリカの飢餓等々。心を痛める災害が続いている。何とか助けなくては，という気持ちは強いと思う。その思いが**援助欲求**であり，行動が**援助行動**である。あなたはどんなボランティア活動をし，どんな援助をしただろうか。そんな大災害ばかりではなく，私たちは，日常生活で近くの人が，あるいは親族が，事件や事故，けがや病気といった緊急非常事態に襲われ，それに直面することがある。たとえば，電車の中で隣の人が突然倒れたとき，どうするだろうか。道路で助けを求めている人を見たとき，どうするだろうか。逆に，自分が災害や事故に遭い，助けを必要とすることもある。こうしたとき，周りの人の援助によって助けられる場合もあれば，逆に適切な援助がなかったため，大きな災難になることもある。では，人は緊急事態に直面したとき，どう行動するだろうか。ここでは，人を助ける，人に助けられる心理と行動について見ていく。援助行動の根底の心理は，進化心理学に見ると，社会的動物として進化してきた人類が生存を続けるため，特異の特性として利他的心理と行動を発達させてきたとされている。しかし，その心理を悪用したサギ事件も多発している。

2 援助行動研究の出発点

　社会心理学における援助行動の研究は，ニューヨークのキティ・ジェノヴィース事件が発端である。1964年3月13日の夜中3時20分頃，ニューヨークの高層マンションに囲まれた住宅地で，キティ・ジェノヴィースという女性がナイフで刺され，死亡した。このとき彼女は，狙われてから殺されるまでに30分以上，大声で助けを求めた。後の調査によると，少なくともマンションの住人のうち，38人以上の人が事件を目撃していた。にもかかわらず，誰ひとりとして彼女を助けようと外に出た人もいなければ，すぐに警察に通報する人もいなかった（写真5-1）。この事件は大きな話題となり，マスコミは都会人の冷たさが象徴された事件として伝えた。

写真 5-1　キティ・ジェノヴィース殺人事件の現場（数字は事件の発生場所を時間を追って表している）　　（ニューヨーク・タイムズ，Baum et al., 1985）

　しかし，心理学者のダーリーとラタネは，彼女を誰も助けようとしなかったのは，都会人の冷淡さではなく，目撃者が多数いたことによって生じたのではないかと考えた。つまり，目撃者が38人もいたにもかかわらず，ではなく，マンションの窓に明かりが次々とつき，誰もが目撃者が多いことが分かったので，誰も助けなかったのだと考えた。目撃者が多ければ多いほど，自分が助けるのではなく，誰かが助けるだろうと皆が考え，結果，誰も助けようとしない，という悲劇が起こったと推測し，実験的な援助行動の研究を始めた。そして，「傍観者の数」が援助行動の抑制要因として大きく影響していることを，研究で明らかにしたのである。
　ラタネは，傍観者の数が多くなればなるほど人は援助を控えてしまうことを**傍観者効果**と呼び，それは次のような理由で生じると考えた。

> **! POINT**
>
> ### 援助抑制の傍観者効果
>
> ❶ 援助責任の分散
> ❷ 援助介入の集団的抑制
> ❸ 援助介入するときの傍観者との関係

3 援助行動の理論

　緊急事態での援助行動の分析から，援助の５段階モデルが提唱されている。このモデルによると，目撃者が実際に緊急事態に介入し，援助行動をしようとするときは，次のような五つの段階を踏み，これらをすべてクリアしたときに，はじめて援助行動がなされるとしている。

> **! POINT**
>
> ### 援助行動の５段階
>
> ❶ 事件の認知
> ❷ 自己判断の正確性の確信
> ❸ 自己責任の確認
> ❹ 援助方法の有無
> ❺ 行動の決定

　なぜ緊急事態での援助行動は難しいのかがこのモデルから分かる。まず，第一は，その場面や事態が緊急場面であり，事件である，という認知がなされるかどうかである。人が倒れていても，その人はただ酔って寝ているだけだろうとか，火が出ていてもこの煙はたき火だろうと考えると，緊急事態と

トピックス 5-1

助ける人が多いと誰も助けない

●ダーリーとラタネの援助と責任分散の実験●

本文のニューヨークの事件の援助の**傍観者効果**について，ダーリーとラタネはそれを実証するため，実験を行っている。参加者が実験室に行くと，「この実験は電話による情報交換のコミュニケーション実験です。各ボックスにある電話を使ってお互い情報を交換し，グループで課題を解決してください。参加人数は6人（条件により2人あるいは3人）です。では，それぞれのボックスに入ってください」と言われる。電話のある小型ボックスに入ると，課題が出される。課題は，大学生活についての意見である。お互い電話で情報交換を始める。しかし，実験が始まり，しばらくしたとき，突然，電話で話している相手が「ウー」とうめく声が聞こえる。それに続き，「苦しい，心臓発作だ，助けてくれ」と叫んだ。そのとき参加者はどうするだろうか。

この実験の目的は，このような緊急事態で，参加者がとっさの援助行動をするかどうかを見ることであり，特に，参加者の人数によって援助行動に違いが出るかどうかを調べることである。このため，実験条件により，参加者の数は，当人を含め，2人，3人，6人のグループで行われた。実験は，参加者が事件発生後，事態の急変を実験者に報告するまでの時間を測定した。

実験の結果，緊急事態を1分以内に実験者に報告した人の比率は，2人条件で85％，3人条件で62％，6人条件で31％であった。つまり，2人だけの場合，ほとんどの参加者が実験者に「急変」と連絡した。しかし，6人グループでは，3分の1しか連絡しなかったのである。

周りに他の人が何人もいると思うと，自分は援助しなくなるのである。その原因の一つは，責任の分散である。助けることのできる人が自分1人だと思うと，全責任は自分にある。他に助ける人は誰もいない。となると，すぐ助けに走るのである。他方，周りに他の人がいると，誰かが助けるだろうと思う。そうなると自分がする必要はないと思い，あえて行動しようとしない。しかし，声を聞いた人皆がそう思うと，結果，誰も助けないというパラドックスが起こってしまうのである。この実験は，援助可能な傍観者の人数が多くなればなるほど責任感がなくなり，一人ひとりの援助行動が起こりにくくなることを明らかにした。

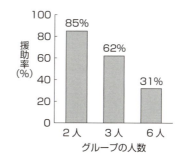

図　事件発生から1分以内の援助率
(Darley & Latané, 1968 をもとに作成)

は思わないので，それを見ても何の行動も起こさないのである。

　第二は，見た人が，それが緊急事態であるということの確信度である。倒れている人が急病ではないかと思ったとしても，その判断にあまり自信がなければ，あえて119番に電話して救急車を呼ぼうとはしないだろう。間違いだったら恥ずかしいという気持ちが先に立つからである。

　第三は，街を歩いていたら煙が出ていたとする。そのとき，自分に通報する責任があるかどうかである。煙が出ているが，それを見ていた人が何人もいたとしたら，通りすがりの自分が119番しなければならない，とは思えない。誰かがやるだろうと**責任の分散**が生じる。もしそうしていないとしたら，そうしないのには何か理由があるだろうと考える。

　第四は方法や手段があるかどうかという問題である。緊急事態を見て，自分が何とかしなければ，と思ったとする。しかし，「119番しなければならない」と思っても，携帯電話を持っていない。どこに連絡したらいいのか分からなければ，行動は起こせない。

　これらの段階にすべて，「イエス」であった場合，はじめて，自分が援助行動をするという決断をすることになる。これが，第5段階である。ここで，自分ができるならやるべきだ，と決断するのである。

　ただ，緊急事態はそうそう起こるものではない。だから，緊急事態での行動には，誰も慣れていない。しかも，よく知らない状況で突然起こるものである。その点でも，判断は難しい。このように考えると，援助行動を適時に実際に行うことは，思っている以上に難しいことといえる。そして，日頃からの緊急時訓練による心構えが必要であり，それが役に立つといえよう。しかし，この弱点を突き，援助行動を起こさせてしまうのが，悪質ないわゆる振り込めサギなどの手口である。孫を助けたい一心の祖父母に，緊急時援助の心理を利用し，援助を必要とする口実と手段を次々と与え，実行させてしまうのである。

┃ 4　援助する心理

　災害が生じると多くの人が募金したり，ボランティアをする。また，困っ

トピックス 5-2

突然，部屋に煙が！　さてどうする？

●ラタネとダーリーの援助行動への集団的抑制の実験●

人が緊急援助をするかどうか決めるとき，まず，その状況が緊急事態であると判断しなければならない。しかし，この判断が難しい。煙が出ているからといって，火事とは限らない。そこで，他の人がその事態をどう見ているかを参考に，判断しようとする。そのため，そこにいる他の人の行動が，援助行動の決定に大きく影響することになる。このことを検討するため，ラタネとダーリーは次のような実験を行っている。

参加者は大学生で，集団討議の実験に参加する目的で実験室に行く。実験者からディスカッションの前にアンケートに答えてもらいたいと言われ，控え室で用紙を渡される。さて，参加者が控え室でそのアンケートに回答していると，換気扇から突然，白い煙がもうもうと出てきて，たちまち部屋中に拡がっていった。このとき，参加者はどう行動するかを見るのが，この実験の本当の目的である。参加者がこの白い煙のことを，緊急事態として実験者に報告しに来るかどうかがチェックされた。実験条件は，控え室に参加者が1人で回答している場合と，当の参加者の他に2人の参加者がいて3人で回答している場合を設定した。3人条件の場合，他の2人は煙が出てきても一瞬注意を払うが，その後は煙には関心を示さず，白煙の中，回答を続けていく。この2人は実験の協力者で，そのように行動することが事前に打ち合わさ れている。

実験の結果，参加者1人の実験条件では，75％の人が緊急事態を実験者に報告しに来た。一方，参加者と無関心な2人のサクラの3人条件では，緊急事態を報告に来た人は，わずかに10％にすぎなかった。この実験により，緊急事態かどうかの判断には，周りの人の行動が大きな影響を与えることが確認された。周囲に人がいてその人たちが何もしないのを見ると，事態が本当に緊急かどうか，自信が持てないのである。もし，緊急事態でもないのに大騒ぎしたら，周りの人の笑い者になってしまうという羞恥心も働く。このため，行動は抑制されてしまうのである。都会のほうが援助行動が少ない原因の一つは，いつも周りに人がいて，この集団的抑制が働きやすいということが考えられる。

ている友人から助けを求められれば，援助する。援助は自分の犠牲，損失を覚悟したうえで，人の利益や幸福を考える行為である。では，個人の利益や生存に反した行動であるにもかかわらず，私たちはなぜ他者を援助しようとするのであろうか。心理学では次のような理論により，援助行動が説明されている。

> **POINT**
>
> ### 援助する心理的理由
>
> ❶ 互恵性の原理　　❷ 社会的学習理論　　❸ 交換理論
> ❹ 共感利他性理論　❺ 自己防衛理論

　第1番目は，グルドナーの主張する**互恵性の原理**である。人が他者を助けるのは，もし困っている人を助ければ，将来自分が困ったときに助けてもらえるであろう，と考えて援助する。情けは人のためにならず，である。また，困っている人を助けなければ，将来自分が困ったときに誰からも助けてもらえない，そのような社会は良い社会とはいえない，と考える。このよう

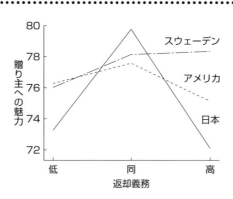

図　返却義務の条件ごとの贈り主への魅力（Gergen et al., 1975 をもとに作成）

トピックス 5-3

無償の援助は好かれない

●ガーゲンらの援助と好意の比較文化的心理実験●

　援助する人は，援助を受けた人から感謝され，好意を持たれるはず，と考える。しかし，援助者に対して好意を持つかどうかは，そう簡単ではない。援助する人とされる人との人間関係，それに，文化によっても違ってくる。ガーゲンらの研究は，資本主義的な考え方を持つアメリカ，社会主義的な考えを持つスウェーデン，強い恩義の伝統を持つ日本，という三つの違った文化の各々の大学生を参加者として，援助と好意の比較文化心理の実験を行っている。

　実験は6人1組で行われた。大学生の参加者は，簡単なサイコロを使ったギャンブルゲームに参加する。まず，トータル4ドル相当のポーカーチップ40枚が渡され，サイコロの目に応じて勝ち負けの決まるゲームを行う。実験者から，ゲーム後にチップは現金に換えられる，と言われる。実は，このゲームでは実験操作が行われ，参加者は大負けするようになっている。実験者は成績を発表し，参加者は，6人中最下位であることも知らされる。さて，ゲームがかなり進み，参加者は，負ければ持ち分が全部なくなってしまうような追いつめられた事態になる。すると，そのとき，参加者に他の参加者1人からの贈り物として，10枚のチップの入った封筒が渡される。封筒には短いメモが入っている。実験は，このメモにより，援助の仕方を三つの条件に操作した。メモには，第一は，チップを返す必要はない，と書かれている低義務条件である。第二は，ゲーム終了後に同じ枚数を返してほしい，と書かれている同義務条件である。そして，第三は，渡したチップは利子をつけて返してほしい，と書かれている高義務条件である。それから，ゲームは続けられた。さて，この実験で知りたいのは，このような条件で，援助をした人に対する受け手の評価である。それを知るために，このゲームの終了後，10枚チップの贈り主への好意度が測定された。

　その結果，左頁下の図に示されるように一番コストの低い低義務条件の援助者は意外にも，いずれの文化でも好まれなかった。無償援助は好意を生まないのである。援助者への好意が一番高かったのは，贈られた分と同等分を返すように言われた同義務条件であった。アメリカと日本で，一番好意度が高かった。スウェーデンの学生は同義務と高義務の援助者に同じくらい高い好意を示した。他方，日本の学生は，高義務条件の援助者に対して，他の二つの文化の学生よりも強い拒否反応を示した。高利貸しへの反感である。このように，文化によって援助の仕方に対する評価が異なり，このため，援助者への好意も異なることが明らかにされた。

に，援助を社会規範として互恵的にとらえ，援助するというのである。

第2番目は，**社会的学習理論**である。子どもの頃から，人助けをした人がほめられ，緊急事態を見て見ぬふりをした人が非難される。そんな規範を実際に，あるいはテレビを通して，何回も何回も見て育つ。このため，援助行動を体験的にまた，観察的に学習する，というのがこの立場である。また，しつけや教育場面のなかで，私たちは，他者の世話をすることや困っている人を助けることが，人としての責任である，との社会的責任を教えられる。それが規範として内面化される。そうなると現実の賞や罰がないときでも，他者に対する援助の責任を果たすことが喜びとなり，進んで他者に手を差しのべることになるのである。

第3番目の理論は**社会的交換理論**である。この理論では，人が他者を助けるのは，援助行動によって生じるコストよりも報酬のほうが相対的に大きいと認知される場合であるとしている。たとえば，この理論から見ると，傍観者効果による責任の分散が生じるのは，援助しなかったことに対する非難が自分ばかりでなく大勢の他者に対して向けられる。このため，非難というコストが分散されるから援助行動が生じないと説明できるのである。さらに，危険を伴う援助行動に介入できなかった人が，「助けられる状況でなかった」と言うのは，そのように正当化することでコストを最小にしようとしているのである，と分析される。

第4番目の理論は**共感的利他主義理論**である。人は困っている人がいると，その心理状態に同情し，共感し，苦痛を取り除いてあげたいと思い，援助行動をする。この理論は私たちの一般的な援助の考えに合致したものである。バトソンらは，このような同情心からの生まれる純粋な援助行動があることを実証している（トピックス5-4）。バトソンらは，代役の申し出は純粋に相手に共感し，同情から援助を申し出たと考えられるとし，彼らの共感利他的理論仮説を実証したデータであるとした。

人類は他の動物と違い，苦境にある人に対して共感し，自分のリスクを省みず，相手を助けようとする同情心を持って援助行動をする。人は進化の過程で，そのような特別な援助的協力心を育んできたと進化心理学では考えている。通常の自然淘汰においては，個体を犠牲にするような種は生き残れな

トピックス 5-4

困っている人を見たら，純粋に助けたいと思う

●バトソンらの共感利他行動の実験●

　私たちは，困っている人を見たら心から素直に助けてあげたいという，同情からの援助動機が生まれてくることは，誰もが体感しているであろう。バトソンらは，**共感利他行動仮説**を実証するため，次のような実験を行っている。

　この実験は2人1組の実験で，1人は電気ショックを受け，もう1人はその人の表情などを別の部屋から観察する実験である。電気ショックは10回行われるが，観察者に当たった人は，「2回見たら帰ってもよい」と，実験者から言われる。条件により，終了まで見ることが求められる場合もある。実験が始まり，電気ショックが2回流れたところで，電気ショックを受けている参加者が，「自分は子どもの頃，乗馬の際，電線で電気ショックを受け，それがトラウマになっているので，怖くて実験は続けられない」と実験者に言う。実験者は困り果て，実験を中止するか迷い，観察者に「代わりに電気ショックを受ける側に回ってくれないか」と依頼する。援助の申し出である。実験の真の目的は，このとき参加者が，「代役になる」と申し出て援助行動をするかどうかである。

　この参加者は，実験のはじめに，実験者から相手の人の趣味や価値観が非常によく似ているという説明がなされている（別の条件では，まったく違っているという説明がある）。

　実験の結果，2回見て，「帰ってもよい」と言われているにもかかわらず，趣味や価値観が一致していると言われた参加者の90％以上の人が，「身代わりになり電気ショックを受ける」と申し出た。

　一方，価値観などが違っていると説明され，共感を持っていなかった参加者で身代わりを申し出た人は，20％以下であった。

い。しかし，人類は，自らが犠牲になっても集団として種を保存するという献身的特性を進化させて，地上に繁栄してきている。もちろん，苦しがっている人全員を助けようとし，自らを犠牲にしていたら，その種は滅亡していたであろう。人類は，限定的に人を助け，制限された人と協力することにより，自分たちの集団（部族）の遺伝子を残し，その結果種を保存し，生き残ったと考えられている。このため，親族に対する情は極めて強いといえる。

　また，人助けをすることは，勇気ある行動として社会的に（集団内で）評価が高いので，その評判は社会的報酬として大きい。このため，多少のリスクを抱えてもあえて，援助行動をしようとする。しかし，誰にでも共感するわけではなく，むしろ，関係のない人が苦しんでいたら身の危険を感じ，その場を足早に立ち去りたくなる心理も同時に持ち合わせている。

　第5番目の理論は，**利己的援助理論**である。純粋に"他の人のために"行う援助行動が，人には本当にあるのか。これについては，利己的な考えの人たちからは常に疑いの目で見られている。寄付は売名行為と疑われ，人助けは評判を得るためと疑われる。社会心理学者の間でも同じ問題が生じており，真の利他的行動は本当にあるのかということが問われている。究極的には，すべては自分のため，という説もある。援助行動をするのは，困っている人のためではなく，困っている人を見ると自分が不快になるので，自分の不快感を除去するために助ける，というのが不快低減仮説である。他利的に見える援助行動も，実は利己的な行動であるという考えである。チャルディーニらの研究は，援助行動は人のためにするのではなく，自分のためにする自己防衛的な行動であるとしている。困っている人を見ると，同情や哀れみを感じる。これは自分にとって苦痛である。この苦痛からのがれるために，人は困っている人を助けるというのである。

5　援助と好意の関係

　援助と好意の関係は，人は人を助けると，助けてあげた人から感謝され，好意を持たれる，と考えるのが常識的である。ジェッカーとランディの研究は，これが逆の関係があることを実証している。人は人を助けると，助けた

トピックス 5-5

人を助けると，人を好きになる理由

●フェスティンガーの認知的不協和理論●

なぜ，本文中のジェッカーとランディの実験の援助者は，被援助者に好意を持ったのであろうか。そのパラドックス的心理は，フェスティンガーの認知的不協和理論で説明される。ここで，**認知的不協和理論**について説明する。この理論では，私たちの頭の中には認知的にいろいろな知識や意見を持っているとする。そして，これら知識は，①互いに調和している協和関係，②互いに矛盾している不協和関係，③無関係，のいずれかの関係にあるとしている。そして，①の矛盾なく調和している関係の知識は安定しており，③の無関係の知識はそのまま併在している。しかし，問題は，②の互いに矛盾する関係の知識で，これは，心理的に不安定で不快である。このため，不協和関係を解消し，協和関係に移ろうとする動機づけが生じ，不協和解消のために，意見を変えたり行動を変えたりという心理的メカニズムが起こされる（下図）。援助実験の結果を不協和理論で説明すると，まず，人は，好きな人を援助すると考えている。そして，自分が今，ある人を援助したという認識がある。ここで，心理的に矛盾が生じないためには，援助した人に対して好意を持っていると考える。このことにより協和することになる。そこで援助者は，助けた人に無意識的に好意を持つことになるのである。

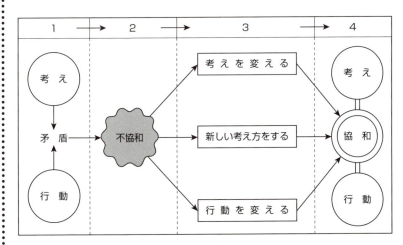

図　考えと行動の不協和の発生と解消のプロセス（Festinger. 1957 をもとに作成）

人が助けてあげた人を好きになるというのである。そのことを，援助と好意の実験で明らかにしている。

　この実験はゲーム仕立てで，実験参加者は現金で報酬がもらえる。問題を正解するたびにお金をもらえ，最終的には60セントあるいは3ドルのどちらかの金額を，獲得することになる。

　参加者がすべての問題に解答し，実験が終わった後，報酬の現金をもらい，帰ろうとする。ところが，実は，ここからこの実験の本当の目的の手続きが始まる。学習実験を厳しく行っていた実験者が，帰ろうとする参加者を呼びとめる。「この実験，自分のお金を使ってやっているのです。ところが予定の実験資金がなくなってしまいました。できたら，あなた方が得たお金を，その資金のために返していただけないでしょうか」と依頼する。別の実験条件では，実験者ではなく実験室受付事務員が，「研究資金が底をついているのでお金を返してくれませんか」と依頼する。また，誰からも返してくれるように依頼されない条件もある。この後，参加者は，心理学事務室でもともとの学習実験についてのアンケートに回答して，一連の実験は終わる。アンケートの中で，学習実験のときの実験者に対する好意も尋ねられる。各条件での実験者に対する好意度が，この実験で一番重要なデータである。

　実験の結果，実験者本人からお金を返してくれるように依頼された人の大半がお金を返した。そして，そのような依頼をされなかった人たちよりも，当の実験者に対して，より好意を感じていた。しかも，60セント返した人よりも3ドル返した人のほうが，実験者への好意が高かった。つまり，お金を返さなかった人よりも返した人のほうが好意を持ち，少なく返した人よりも多く返した人のほうが好意を持ったのである。

　これが実験結果である。逆のようであるが，この結果はフェスティンガーの**認知的不協和理論**（トピックス5-5）で説明できる。せっかく獲得したお金を返した人は不協和が生じ，返した行動への説明が必要になる。実験者に好意を持っているので，資金を提供し，援助したと考えれば，この不協和は解消される。このような不協和解消メカニズムが，無意識のなかに働いたと考えられるのである。

> トピックス 5-6

悪いことをしたな，と思うと人助けしたくなる

●カニンガムらの援助の二つの心理プロセスの実験●

　テストで良い点をとったり，恋人とデートしたりなど良い気分のときは，心が大きくなり，援助行動をしたくなる。逆に，何か悪いことをしたな，と思ったときなどは挽回の気持ちから援助行動をしたくなる。カニンガムらは，良い気分や罪の意識が援助行動を促進することを調べる実験を行っている。

　参加者は，ショッピングセンターの公衆電話をたまたま利用した人である。実験条件は，次の三つが操作された。良い気分条件は，参加者が電話ボックスに入ると公衆電話の返却口に 10 セント硬貨を見つける。罪意識条件では，公衆電話から出てきた人に，「カメラのシャッターを押してください」と頼むが，このとき，わざとシャッターが下りないようにしておき，その人があたかもカメラを壊したかのように言って立ち去る。罪意識の無い条件では，同じように，シャッターは下りないが，そうした故障はこのカメラによくあると言って立ち去る。三つの状況設定の後，参加者の前でたくさんの書類ファイルを抱えて運んでいた人が，ファイルを落としてしまう。このとき，参加者がそのファイルを拾うのを助けるかどうかにより，援助行動が調べられた。

　実験の結果，10 セントを手にして良い気分になった人は，ファイルを拾うのを手助けした。また，シャッターを壊したかのような罪の意識を持った人も，罪の意識の無い条件の人に比べて，多くの援助行動を行った。このことから，良い気分のときも，罪の意識を感じたときも，両方とも普通の心理状態のときよりも，より援助行動を行うことが分かった。ただし二つは，別々の心理的メカニズムが働いている。それは，良い気分のときは積極的で自己拡大的な援助動機であり，罪意識を感じたときは，補完的で自己回復的な援助動機である。

6 援助を求める側の心理

　援助をして人を助ける心理について見てきたが，逆に援助を求めるときの心理学的研究も大事である。援助を求める心理，となると，求めなければならない人のプライドが関わってくる。頭を下げ依頼するときは，自己評価を下げることになるからである。人は誰でも自己評価を高く維持したいので，できたらそのような事態は避けたいと思う。そうしないで，問題を解決しようとする。このため，素直に援助を求めないケースも多い。

　困っているときは人に助けてもらいたいと思うが，援助を求める心理はそう簡単ではない。たとえば，困ったとき，その困っていることを最もうまく解決してくれる人が，自分のプライドを下げないで相談できる人ならすぐに相談するが，たいていは心理的負担の大きい人である。このため，困ったときすぐに最も適切な人に援助を求めるかというと，そうしないことが多い。たとえば，学生が卒業論文で疑問が生じたときは，指導教授に相談するのが最も適切で効果的であるが，学生はなかなかそうしない。その代わり，先輩に聞いたり，友だち同士で相談し合う。その結果，とんでもない結論を出すことも少なくない。なぜ，教授に相談しないのか。それは相談しにくいのである。相談するにはインパクトが強すぎるのである。その心理はラタネが提唱した**社会的インパクト理論**により説明できる（図5-1）。社会的インパクト理論とは，ある人が何か行動しようとしたとき，相手の人や周りの人から受けそうな圧力の強さである。ラタネの理論は，そのような圧力の強さ（インパクト）は次の三つの要因によって決まるとしている。

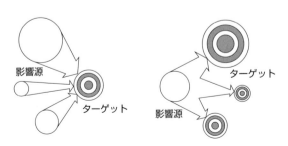

図 5-1　社会的インパクト理論 (Latané & Wolf, 1981をもとに作成)

トピックス 5-7

困ったとき誰に相談するか

●ウィリアムズらの社会的インパクトの実験●

　実験参加者の大学生は，パソコンの問題を解く実験に参加する。ところが，実験の途中でパソコンが故障する。これは実験者が意図的に操作したもので，実験の目的は，実験者の勢力など社会的インパクトの違いによって，学生がパソコンの横にある電話で，実験者に援助を求めるまでの時間の違いを見たのである。勢力条件については，援助者の勢力が大きい条件では，実験者はきちんとした身なりをして，研究者で高い地位の人として紹介された。勢力が小さい条件では，身なりがラフで，実験のアシスタントで低い地位の人として紹介された。次に，相手との距離については，直接性の条件として，実験者は参加者が見えるすぐ隣の部屋におり，直接性のない条件として，実験者は参加者の所から離れた部屋にいることになっていた。援助可能者数は，援助できる人の数が多い条件では実験者が3人いると伝え，少ない条件では実験者は1人であると伝えた。

　実験の結果，援助者に電話をかけるまでの時間は，援助者が低い地位の人の場合のほうが，地位の高い人の場合よりも短かった。また，援助者が遠い所にいる条件のほうが，近い所にいる条件の場合より短かった。さらに，援助者の数は，援助できる人が3人いる場合より，援助できる人が1人しかいない場合のほうが短かった。この結果はラタネの社会的インパクト理論を実証しており，人は他の人に助けを求めるとき，社会的に衝撃の大きな状況では，援助を求めるのを躊躇することが明らかにされた。

> ## POINT
>
> ### 社会的インパクト理論の3要因
>
> ❶ 相手の勢力　　❷ 相手との距離　　❸ 相手の数

　この理論は，人が誰かから援助を受けようとするときに，この圧力をできる限り少なくしようとする，としている。このため，勢力が大きい相手には援助は頼みにくく，援助能力のある人に助けを求めようとしない，というパラドックスが生じてしまう。

　ウィリアムズらはこの理論に基づいて，援助者の勢力，影響の直接性，援助者の数の3要因が，援助を求める人にどのように影響するかについて実験（トピックス5-7）を行っている。

第**6**章

支配と服従の人間関係

対人行動は，大きく分けると好き・嫌いという感情的人間関係と，支配・服従という勢力的人間関係の二つに分類される。組織でのフォーマルな人間関係は，勢力的人間関係が強く作用し，一方，個人的でインフォーマルな人間関係においては，好悪の感情的人間関係が強く働く。もちろん，組織内でも個人間でも，多かれ少なかれ二つの関係が重なって働いている。好悪的人間関係については，すでに第4章「好きと嫌いの人間関係」で詳しくふれたので，ここでは勢力関係を見ていくことにする。

　会社の人間関係について聞くと，上司を嫌いな人は少なくない。それは，心理学的に見ると，上司の性格が主な原因ではなく，組織上，直属の上司だからである。さらに OL やサラリーマンに「嫌いな上司は？」と聞くと，一番多い答えは「威張る上司」である。上司本人が気づいているかどうかはともかく，組織のなかで上に立つ上司は，部下に命令し，部下を支配することが多く，必要以上に指示する。このため，上司は嫌われる。しかし，部下はその指示に進んでかあるいは渋々ながらかは別として，結果，大半は服従する。嫌いな上司と思っていても，上司の命令や指示には逆らわずに従うのである。部下が従うのは上司という地位が持つ力，**社会的勢力**による。組織は，組織内のメンバーの地位の上下関係による支配・服従というこの関係が基本になり，機能し，活動がスムーズに行われている。

1　社会的勢力と支配的行動

　私たちは，日々の生活を自分の思いどおりに行動したいと思っている。しかし，毎日を自分の思いどおりに行動しているかというと，特に組織のなかでは思いのほか，自分の思いどおりに行動はしていない。ある一日を思い出し，その日したことを省ると，自分がやりたくてやったのではなく，人から言われてやったことや，自分はやりたかったのに人から言われて止めたことがかなりある。たとえば，取っていない授業に出席し，先輩のためにノートをとったり，上司から大量のコピーをとってくれと頼まれて，本当はデートがあったのにそれをドタキャンしてまでコピーをとっていたことなどがそれにあたる。

第6章　支配と服従の人間関係　　97

　どうして人は上司の言うことに従い，やりたくもないことをするのか，また，自分のやりたいことをやらないのだろうか。それは，人が社会的動物だからである。そこには，自分のやりたいことを超える社会的心理が働いている。それは，組織内では上司の命令に従わなければならないと思う，**服従の心理**である。自ら積極的な場合，忠誠の心理ともいえよう。

　では，人はどんなとき相手に服従するのだろうか。それは，相手の人に社会的勢力を認めたときである。人は，個人的には自律心を持っていて，自分のことは自分で決めたいと思っている。しかし，社会生活では，勢力を認めた人からの指示で行う行動も多い。心理学では相手の人からの影響を受け入れることを，その人の社会的勢力を認知し，受容するという。逆に，相手に影響を与える力を持っていることを，その人に対して社会的勢力を持っているといい，それを実際に実行することを**勢力行使**という。もちろん，勢力を持っていると思い，それを行使しても，実際に相手がそれを受け入れなければ影響は生じないので，その場合，勢力があるとはいえない。

　フレンチとレイブンの研究は，人はどのようなとき相手の社会的勢力を認知し，その影響を受け入れ，指示や命令に従うかという視点から社会的勢力を研究し，その基盤には次の六つがあるとしている。以下，順次説明していく。

! POINT

社会的勢力の六つの基盤

❶ 強制的勢力　　　❷ 報酬的勢力　　　❸ 正当的勢力

❹ 準拠的勢力　　　❺ 専門的勢力　　　❻ 情報的勢力

---

1)　強制的勢力

　お金を出すのは嫌だ，といっても，背中にピストルを当てられ「金を出せ！」と命令されたら，仕方なく財布を渡すだろう。これが，**強制的勢力**の典型である。殺されたくないので服従する。罰を受けたくない，不利益をこ

うむりたくないので従う。不安や恐怖心から，相手の指示や命令に従うときの勢力の受容である。命令する側から見ると，強力な勢力の源泉である。

　上司からの指示に従うのも，この強制的勢力によるところが大きい。会社や役所など，体制化された組織のなかでの行動は，組織の上下関係によって仕事が命じられる。その指示に従うことは社会的規範であり，集団規範なので，後に述べる正当的勢力として，これを受け入れ，指示に従うことになるが，本音のところでは，上司に評価を下げられたくないとか，怒られたくないからといった強制的勢力によって受容していることもあろう。その場合，心理的には，ピストルを背中に突きつけられているのと同じ服従の心理である。学校でも本来，生徒は教師を尊敬し，後に述べる準拠的勢力に基づいて教師の指導に従うのが理想だが，実際には教師の罰や評価が恐くて指示どおりに行動する，といったケースも少なくないであろう。

　この強制的勢力は，これを使用すると相手の人に対して罰を与えたり，不利益を直接与えることが示唆されるので，受ける側はそれを避けるために，反論の余地もなく，文句も言わず，従わざるを得ないのである。だから，勢力側としては，何の説明もなく簡単に相手を即座に自分の思いどおりに動かせることになる。組織上，強い権限を持っている人には非常に使用しやすい

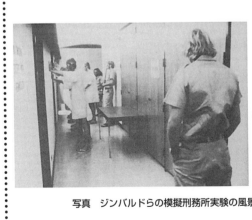

写真　ジンバルドらの模擬刑務所実験の風景（Zimbardo et al., 1977）

トピックス 6-1

役割行動のはずが，本気になってしまう心理

●ジンバルドらの刑務所シミュレーション実験●

ジンバルドらの研究は，実験室の中に本物に模した刑務所を作り，参加者を看守役と囚人役として入所させ，各々の役割とその行動を観察した。

まず，**模擬刑務所実験**のバイトを募集した。応募した男子学生のなかから，面接などによって情緒的に安定した学生を選び，看守役か囚人役のどちらかの役になると伝えた。

実験は，ある日突然，地元の警察によって囚人役の学生を逮捕，連行した。目隠しし，模擬刑務所に入れた。刑務所に着くと，左頁下の写真に示されるように本物そっくりに取り調べを行い，裸にし，指紋をとり，手錠をし，囚人服に着替えさせ，番号を与え，収容した。一方，看守役の学生は，カーキ色の制服を着せ，鏡面のサングラスをかけるように言い，警棒，笛，手錠，監房と門の鍵を与え，常に囚人を監視しているように伝えた。囚人役の学生に対しては，常に番号で呼び，たとえば，たばこを吸うのも，トイレに行くのも，看守が許可をした。このような明確な支配・服従関係の役割を与え，その役割行動を 2 週間の予定で観察が行われた。

しかし，実験開始後しばらくすると，看守役の学生は与えられた役割以上に権力を行使するようになり，それも，徐々にエスカレートしていった。このため，囚人役の学生が精神的に落ち込んだり，逆に憎悪を募らせたりした。このため，危険を感じた実験者側が，実験を 6 日間で打ち切った。一時的な役割であっても，人は権力を持つと，それを規定以上に行使することが明らかにされた。

この実験は，組織における役割がいかに人間関係を規制し，強い支配と服従の関係をつくりあげるかを実証している。

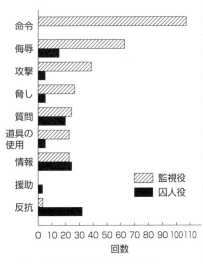

図　監視役と囚人役の行動比較
(Zimbardo et al., 1977 をもとに作成)

勢力源である。

　会社や役所などで地位が上位にある人は，この強制的勢力を部下に対して持っているので，あまり説明もせず，説得もせず，部下に仕事を命じることができるのである。また，仕事以外のことも命じることもある。しかし，強制的勢力の弱点はこの容易さにある。権力や権限を持っていると容易に人が動くので，つい自分の力を過信してしまう。そして相手の気持ちなどかまわず命令や指示を出し続ける。それでも部下は，その指示に従う。しかし，当然のことながら表向きの従順な行動とは裏腹に，心の中ではこの命令者に対し，反発や嫌悪感を持つようになるのである。こうして，下の人たちの心は上の人から離れ，「上司は嫌い」となるのである。そうなると実際に勢力者が罰をちらつかせないと，相手が動かないということになる。上司にとって，強制的勢力は両刃の剣となるといえよう。

2)　報酬的勢力

　友人にノートをコピーさせてもらいたくて，「お昼をごちそうするから頼む」といった依頼をする人がいる。この場合，昼食という報酬により，相手を指示どおりに動かそうとしていることになる。これが，報酬的勢力である。もし，相手の人がその条件でコピーを引き受けたとしたら，その人は**報酬的勢力**を受け入れ，その指示に従ったことになる。

　サラリーマンやOLで，会社で働くのはお金のためと割り切っている人がいたら，それは報酬的勢力のために働いていることになる。重労働でも文句を言わず働くバイト学生は，この報酬的勢力の受容の典型である。ただ，バイト代稼ぎのために働いているので，雇用主の期待とは関係なく，予定の額に達したり，もっと割のいいバイトがあればすぐに辞めたり，他に移ることになる。

　この報酬的勢力での人間関係は，強制的勢力の人間関係よりは良好である。勢力受容者は，活動内容が自分のやりたいことかどうかには関係なく，勢力者の指示に従っているのだが，そうすることによって自分の本来の目的を満たすための資金が得られるので，それを楽しみに働くことができるのである。たとえば，家族のため，学資のため，車を買うため，旅行に行くた

トピックス 6-2

権力を持つと，横暴になる

●キプニスの権力者の堕落実験●

人はひとたび権力を持つと，それを積極的に行使し，自分の地位を高め，地位の低い相手をさらに低めようとする。キプニスの研究は，権力を獲得すると，一段と権力的になることを実証している。

実験は，実験室に模擬会社を作って行われた。大学生の参加者は，企業の管理者の役である。管理者は4人の部下を持つ。管理者の仕事は部下を指示・監督し，仕事の成果を上げることである。部下には高校生がなり，別の建物にある作業室で仕事をする。管理者と部下の連絡は連絡係が行う。この連絡係は，セッションごとに管理者のところから製品の素材を4人の部下のところに持っていき，完成品を持って帰る。その際，4人から管理者へのメッセージがあれば，それも受け取る。管理者は直接，部下に指示や命令を送る。部下の4人はイヤホンをつけて作業をしている。管理者からの指示や命令は，このイヤホンを通して部下一人ひとりに直接伝わる。実験者は実験前に管理者に，この作業は1セッション3分間で，1セッションに1人ができる平均の個数を教え，それが基準であること，それ以上の作業成績を残せば会社は儲かること，そのためには管理者の指示，監督が重要であることを説明した。

このような実験状況のもとで，「強い権限の管理者」の条件では，管理者に，かなりの権限が与えられた。部下への支払い額の増減，部下の解雇，そして作業指示の追加が，管理職の裁量で自由にできると伝えた。他方，権限の弱い管理者の条件では，管理者にはそういう権限は一切与えられず，簡単な作業指示だけである。実験は，この二つの管理者の部下への命令，指示などの行動を比較した。

実験の結果，強い権限を持つ管理者は，部下に頻繁にメッセージを送って影響を及ぼそうとした。しかも，部下の能力を低く評価し，業績が上がった場合は，自分が部下に適切な指示をしたためであると，自己評価を高めた。つまり，権力を持っている者は，権力を行使し，部下のがんばりを不当に低く評価し，他方，自分を高く評価したのである。このことをキプニスは，**権力者の堕落**と呼んでいる。

実験が終わった後，実験者は管理者役の大学生に，部下役の高校生たちと一緒にコーラでも飲みながら雑談をしないかと提案をした。その結果，弱い権限の管理者役たちは，75％が参加するとした。一方，強い権限を持った管理者役たちは，35％の人が参加したいと言ったにすぎなかった。強い権力を持った管理者の多くは，部下に会うことを望まなかったのである。

め，働くのである。この場合，強制的勢力とは異なり，自分の夢が実現できるので，その達成を援助してくれる報酬的勢力者には好感を持つことになるといえる。ただし，報酬的勢力関係はあくまで報酬がベースにあり，もともとお金を得ることが目的で指示に従っているので，勢力者はその点は注意が必要である。

3）　正当的勢力

　人は，所属している社会や組織の規範に従い，行動することが多い。社会規範に進んで従うこの心理は，人類が進化の過程で獲得した特性の一つとしての服従心理と考えられている。たとえば，病院に行くとどんなわがままな人でも，医師や看護師の指示に素直に従うだろう。「はい，舌を出して」「上着を脱いで」といった指示に従う。お尻など，どんなことがあっても人に見せたくないと思っていても，医師から言われると，抵抗を感じつつも言われたとおりに行動する。これは，そのような医療場面では，医師や看護師に従うのが社会規範となっていて，彼らの指示は正当性を持っていると考えるので，その指示に従うのである。これが，**正当的勢力**である。ときに，制服による詐欺事件などがメディアをにぎわすが，制服を着用している人に簡単にだまされるのは，私たちが日常，制服によって正当的勢力を判断しているからである。車を運転していると，警察官や工事関係の服を着ている人の指示に従う。デパートの中でも，制服を着ている女性の指示に従う。これらは，社会規範のもと，その制服により着ている人に容易に正当性を認め，その指示を受容することによって生じる行動といえる。

4）　準拠的勢力

　尊敬している人と話ができ，その人からあなたの行動について，こんなふうに変えたらいいだろうと示唆を受けたとする。そうした場合，あなたは感謝し，その言葉を素直に受け止め，その指示を実行しようとするだろう。これが，**準拠的勢力**の受容である。尊敬している人や愛している人の言葉の受容には，心の裏表はない。言われたことを心から受け入れるのである。脅しや恐怖のない最も良好な勢力関係といえる。

トピックス 6-3

フット・イン・ザ・ドア法

● フリードマンとフレイジャーの二段階要請法の実験 ●

　人はどのような方法で要請をされたとき、相手の人の要請を受け入れるのであろうか。ビジネスの世界では**二段階要請法**が有効であるといわれている。たとえば、はじめに小さな要請に応えた人は、次はもっと大きな要請にも応じやすくなるという。この二段階要請法の一つに、**フット・イン・ザ・ドア法**がある。フリードマンとフレイジャーの研究は、この要請法の効果を実験で証明している。

　電話帳で無作為に選んだ主婦を対象者とした。対象者には最初に小さな要請、次に大きな要請と2回の要請がなされる。週の前半の午前中に、実験者は「消費者団体の者ですが」と称し、対象者に1回目の電話をかける。この1回目の電話では、小さな要請がなされる。その内容は、消費者向けの手引き作成のための、家庭用品調査への協力である。対象者が承諾した場合には、家庭用石鹸について簡単な質問に答えてもらう。これで、第1回目の要請は終了する。3日後、2回目の電話では大きな要請がなされる。1回目と同様に実験者は自己紹介を行い、消費者向け手引き作成のための調査であるが、この調査は大がかりなものだと説明し、協力を求める。このような二段階要請条件と比較するために、1回要請条件の実験も行った。この場合、対象者には一度だけ電話して、大がかりな調査への協力を要請した。

　実験の結果、二段階要請条件では過半数の人が大きな要請にも承諾した。それに対し、1回要請条件の大きな要請の承諾は、4分の1以下であった。つまり、小さな要請に応じることによって、それに続く大きな要請を受け入れられやすくなるフット・イン・ザ・ドア法の心理が実証されたのである。

　二段階要請法には他にも、大きな要請を先にして、断った罪悪感により本来の小さな要請を受け入れやすくするという**ドア・イン・ザ・フェイス法**がある。

尊敬されている人は準拠的勢力者である。その人が何かひとこと相手に示唆すると，冗談で言ったつもりでも真剣に受け止められ，実行されるかもしれない。準拠的関係は，勢力的人間関係のなかでは理想的な関係で，職場の上下関係や学校の教師と生徒の間にもこの準拠的勢力関係が成り立っていると，人間関係が非常にスムーズにいくといえる。ただし，これは無理やりつくるというわけにはいかない関係である。準拠対象者に人間的魅力を感じなければ成立しない関係である。会った瞬間に魅了する，魅了されるということもあるが，たいていは長い人間関係のなかで築きあげていく関係である。

5) 専門的勢力

コンピュータに詳しい後輩に，コンピュータのことで相談したことはないだろうか。そんなときはいつもと違い，先輩にもかかわらず，後輩の言うことを素直に聞き入れるだろう。それは，後輩がコンピュータについては専門知識を持っていると考えているからである。病院で医師の言うことを素直に聞くのも，その場面での医師の指示に正当性を認めるのと同時に，病気に対する専門的知識を持っていることを認めるからである。

私たちはある問題に直面し，どう解決しようかと考えたときは，専門知識のある人の意見を聞き，その指示に従おうとする。これが，**専門的勢力**である。他の人よりもある領域について知識や技能を持っていて，それを相手の人が認め，その知識や技能を求められたとき，この専門的勢力が行使されることになる。

理論的には，この専門的勢力は，その専門分野に限って勢力を持つとされている。しかし，一つの分野で深い専門能力を持っている人に対して，その分野を超えてその人の影響を受けることが多いといえる。特に日本では，一つの道で偉業を成し遂げた人を，人生全般の成功者として尊敬することが多い。このため，専門家は，専門的勢力だけではなく，その専門での成功を背景にして広い範囲で準拠的勢力も持つことになる。

6) 情報的勢力

専門でなくても，一時的にあることに関する情報を，特定の人しか持って

トピックス 6-4

上と話しても，自分の意見は通らない

●マルダーとウィルクの参加とパワー平準化の実験●

　組織の上下関係において，力のない部下も，もし上と話し合う機会があれば自分の意見が主張できるので，力関係は平準化されるという考え方がある。しかし，マルダーとウィルクの研究は，逆に「部下の話し合いへの参加は，勢力の平準化ではなく，拡大化をもたらす」こともあることを明らかにしている。

　参加者に，実験の課題は街づくり委員会の委員として，街づくり計画を決定することである，と伝える。参加者にはまず，その町の箱庭風のレイアウトと，これに関連する情報を与える。具体的課題は，この町の中央部と郊外の2カ所にかなり大きな空き地が設けてあり，新しく建設される町立病院の立地場所を，街の中央部か郊外かどちらにするかを町当局に答申することである。ただし，他の委員が隣室にいるので，協力しながら結論を出すように言われる。隣室の人とはお互いメモによる意見交換を通して，答申づくりを行うことになる。メモの伝達は実験者が仲介した。実験が始まると，参加者に隣室の人からのメモが次々と渡されるが，参加者の意見とは反対の内容である。この実験では，実際には隣室に委員はおらず，他の委員から来たとされるメモは実験者があらかじめ用意したものである。実験条件は，相手の持つ専門的勢力と，参加者の参加の度合いである。専門的勢力は，相手の委員が参加者の意見に反対するコメントの数，および意見を固執・反復するコメントの数により行われた。また，参加の程度は，相手にメモを渡せる回数により操作された。また，影響をどの程度受けたかは，答申提出後，参加者自身の意見や参加者から隣室へ渡されたメモの内容分析，さらに，隣室の人の影響力の強さについての参加者の評定によって判断された。

　実験の結果，相手の専門的勢力が強いときほど，意見を変容させた参加者が多くなっている。また，相手の専門的勢力が強い場合，参加者の参加の度合いが高いほど意見変容が大きかった。つまり，他者が強力な専門的勢力を持っているとき，参加者が話し合いに参加する度合いが高まるほど，他者からの影響力はさらに増大することが明らかになった。

いないことがある。そんなとき他の人がその情報を求めた場合，その人は，**情報的勢力**を持つといえる。イヤホンだけで聴けるポケットラジオが1台だけあって，4~5人でそのラジオ放送からある情報を得ようとしているとき，イヤホンをつけて直接情報収集にあたっている人は他の人たちに比べ，情報的勢力を持っているといえる。その人に教えてもらわないと分からないので，その人に従うことになる。「ここだけの話だけど……」「本当の事情は……」といった秘密めいた情報を持っている人は，この情報的勢力によって人を引きつけ，人を動かそうという人である。ただし，情報的勢力が専門的勢力と異なるのは，情報はいったん流れてしまえば勢力基盤を失ってしまう点にあるといえる。このため，情報的勢力を持ち続けようとする人は，常に新しい知識や魅力的な情報を求めていくことになる。

▌ 2 服従の心理実験

　服従行動はどのような状況のときに起こりやすいのであろうか。人には，規範には従い，上司の言うとおりに行動しようとする忠誠的心理と，自分の行動は自分で決めたいと思う自律的心理がある。もちろん，意に反する服従は自尊心を傷つけるので，本意ではない。また，気に入らない人の指示には従いたくないし，人の言うなりになりたくはない。しかし，現実の社会では，人の指示に従って行動し，自分の意に反しても規範に従う服従行動をしていることは少なくない。人は，社会的動物であり，組織のなかでは服従的であることは分かっているが，その服従行動が思っている以上に服従的であることを，ミルグラムの研究は実験で証明した。まず，トピックス6-5を読んでほしい。

　組織のなかで上の人が下の人をいじめたり，攻撃したりする行動が時に見受けられる。これは，一見，強者の行為のように見える。しかし，詳細に分析すると実は，さらに上の人からの命令に従っている服従行為であることもある。そして，そのように上からの指示の場合，個人で判断して行動するときよりも歯止めがかからず，危険な行為を行うことが，ミルグラムの実験で証明されたのである。実験では，先生役の人が生徒役の人に電気ショックを

トピックス 6-5

アイヒマンの心理

●ミルグラムの"記憶"実験●

　ミルグラムの研究では「記憶の研究」として，次のような実験を行った。
　参加者は，2人1組の記憶力テストの実験に参加する。実験者から次のような説明がある。「この実験は，記憶力を高めるために，罰がどのくらいの効果があるかをみる実験です。2人1組ですが，1人が先生役，1人が生徒役になってもらいます。先生役の人は生徒役の人に問題を出し，もし，生徒役の人が間違ったら，そのとき罰として電気ショックを与えてください。記憶力を高めるのにその電気ショックの効果がどのくらいあるかをみるのが，この実験の目的です」こう言って，くじ引きで先生役と生徒役を決める。生徒役の人は隣の部屋に移り，電極を手につけ，ショックのとき，飛び出さないようにと椅子に縛りつけられる。その様子を見た後，先生役の人は実験者から渡されたテキストをもとに生徒役の人にマイクで問題を出し，パネル上のランプで答えを待つ。そして答えが正解だったらそのまま次の問題に移り，答えが間違っていたら目の前にあるボタンを押し電気ショックを与える。ただし，そのとき実験者から間違うたびに電気ショックの強度を1目盛りごと，つまり15ボルトずつ上げるように言われる。目の前の装置には15ボルトから，30ボルト，45ボルト……と，450まで15ボルトずつのボタンが一列に並んでいる。各ボタンの下には，その強度を示すために強さがかすかなショック，はげしいショックのような言葉で説明されている。
　さて，実験が進んでいき，生徒役の人はかなり間違える。それに応じ，先生役の人は電気ショックの強度を上げていくことになる。では，最大どの強度まで電気ショックをあげるのだろうか。止めるとしたら何ボルトぐらいで止めるだろうか，トピックス6-6の下図を参考に考えてみてほしい。

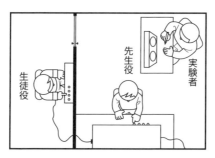

図　ミルグラムの実験状況（Milgram, 1974 をもとに作成）

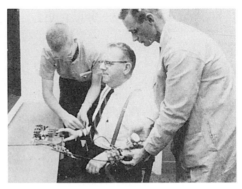

写真 6-1　ミルグラムの服従の実験風景（Milgram, 1974）

与え続けたが，それは攻撃性からではなくむしろ逆で，実験者の指示や規範への従属が，この外見的には攻撃的に見える行動となっているのである。それは，権威への服従の心理である。

この心理から，本人はやりたくないと思いながらも，実験者に指示されると反抗できず，電気ショックのボタンを押してしまう。いったんは抵抗を見せても，続行を指示されると，結局はボタンを押してしまうのである。

権威への服従の心理メカニズムは，人間は組織のなかでは歯車になり，規範に従う心理特性を持っているからである。人は通常，自分の行動は自分で判断し，行動を決定していると思っている。しかし，それは一人のとき，独立的であるときである。そこでは，自律的に自分の価値基準で考え，自分の倫理観に沿って行動している。しかし，いったん組織に入ると，他のもう一つの判断基準が働き始める。規範に従うという心理である。組織においては，その組織内の人はそれぞれの役割に応じて歯車にならなければならない。そうしなければ組織は動かない。だから，各自が自分の基準だけではなく，命令系統に沿って，上からの指示で動くことになる。

ミルグラムは，これを代理の心理状態と呼んでいる。この心理状態になると，自らの行動に対して自ら責任をなくす。上の人が言ったのだから，その命令に従っているだけであると，責任を上司や組織に預け，自分は歯車の心理になるのである。こうなると，この実験でいえば生徒役の人が多少苦しんでいるのを知っても，自責の感情は薄くなり，ボタンを押し続けることにな

第6章　支配と服従の人間関係　*109*

```
トピックス 6-6
```

「止めてくれ」と言われてもなぜ，止めないか

●ミルグラムの服従実験●

　ミルグラムの実験の，電気ショック送電装置のボタンのボルトと強度の説明文は，下図のようになっている。ミルグラムはこの実験について，実験の参加者とは別の人たちに実験内容を説明し，自分が参加者ならどうするかと聞いている。その調査の結果，止めると答えた電気ショックの平均は，約 120 ボルトだった。そこは，強いショックと表示されているボタンである。つまり，相手の人が痛がるほど強い電気ショックは与えたくないという人が大半だった。

　では，実験の結果はどうだったであろうか。これが，心理学にとって実験がいかに重要であるかを示すことになるが，このような調査上の質問への答えと実際の行動とは違うのである。考えと行動がいかに違うかを，この実験は証明したといえるだろう。実験の結果は，全員が電気ショックを最後の最高ボルトまで上げたのである。もちろん，多くの人は途中

で止めようと思って，実験中止を実験者に申し出ている。しかしそのとき，実験者からは，冷静に「これは実験です。続けてください」と言われるのである。すると，先生役の参加者は実験を続けたのである。止めたい気持ちを持ちながらも，実際にはボタンを押し続け，強い電気ショックを生徒役の人に送り続けたのである。

　では，生徒役の人が「止めてくれ」，と言ったらどうだろうか。そう言われたらたいていの人は止める，と思うだろう。しかし，ここでも実験の結果は，予想外である。生徒役の参加者が苦しみや痛みを訴えても，壁をドンドン叩いても，先生役の参加者は実験者から「続けてください」と言われると，なんと 65％の人が最高の強度まで電気ショックを上げ続けたのである。途中で止めた人も，かなりの強度まで上げたのである。

15 ボルト	75 ボルト	135 ボルト	195 ボルト	255 ボルト	315 ボルト	375 ボルト	435 ボルト	450 ボルト
かすかなショック	中程度のショック	強いショック	非常に強いショック	はげしいショック	きわめてはげしいショック	危険すごいショック	××	×××

図　ショック送電器の前面のスイッチと説明文（Milgram, 1974 をもとに作成）

る。それは，そこで重視されている人間関係が，生徒役の人との関係ではなく，実験者との人間関係であるからである。

　自律的行動決定と歯車的行動決定の二つの心は，人間誰もが本来持っている特性である。人類は社会的動物として集団を形成し，規範を優先させる生活をすることにより，生き残ってきたといえる。また，そういう遺伝子が引き継がれてきたといえよう。それゆえ，この集団への服従心理は，一概に悪い性質とはいえない。むしろ，自らを棄てて集団を優先し，それに従う心理が，共同生活や組織活動をスムーズに進めているのである。

　問題は自律的に決定するか歯車的になるかのスイッチを，いつどういう状況で切り換えるかである。人の生命の危険までも無視して命令に従うというのは，適切なスイッチの切り換えとはいえない。にもかかわらず，この実験はそういう心理が私たちのなかにあることを明示したのである。そこにミルグラムの実験の重要な意味があるといえる。

　さて，どの程度，個人を優先するか組織を優先するかは，その人の属している文化や性別によって異なってくることが考えられる。ミルグラムの実験はアメリカの男性を対象に行っているが，オーストラリアで行われた同様の実験では，権威への服従率はアメリカに比べて低く，特に女性は非常に低いことが示されている。

　ところで，次の第7章と関連するが，このような電気ショックを与える実験では，人間の攻撃性も見ることができる。この実験で先生役になった人に，「電気ショックの強さは自分で決めてください。あなたが適当と思う電気ショックを与えてください」といった説明をした条件での実験も行われている。この条件で，先生役の実験参加者が押した電気ショックの強度が，個人的な攻撃性を表す指標とされよう。結果は，ほとんど痛さを感じない50ボルトで終えていた。機会が与えられても，人はむやみに人に攻撃的になることはないことも実証されたといえる。

トピックス 6-7

権威に対抗できる心理

●ミルグラムの権威への対抗の集団実験●

　前述のミルグラムの研究は，権威への服従がいかに容易になされ，抵抗が難しいかを示している。しかし，ミルグラムは同時に，どのようなとき，人は権威に対抗できるかという研究も行っている。そのなかの一つに，次のような集団効果の実験がある。

　この実験は，基本的には前述の電気ショックを与える実験と同じ方法だが，先生役の人が1人でなく3人である。実験状況は図のようになる。ただし，この3人のうち，本当の参加者は1人で，他の2人の先生は実験協力者である。

　実験が進み，電気ショックの段階が150ボルトまできたとき，生徒が悲鳴をあげ，「実験を止めてくれ」と言う。そのとき，先生役の1人が，「実験を止めたい」と言う。実験者はその先生に，実験を続けるようにと指示するが，その先生はその指示に従わず，席を立ってしまう。しかたなく実験者は，他の2人の先生に，2人で実験を続けるように指示し，実験が再開される。

　そして，電気ショックが210ボルトまでいくと，もう1人の先生役の人も，「生徒の人が心配なので止めたい」と言い出す。実験者は続けるように指示するが，この先生もその指示には従わず席を立つ。しかたなく実験者は残りの1人に，実験を続けるよう指示する。さて，先生役の人は，最初3人で始めたが，2人は実験者の指示に従わず実験を止めてしまい，1人になってしまった。しかし，実験者からは1人で実験を進めるように指示される。

　実験の結果，63％の人が，2人の先生が止めるといった210ボルトまでに一緒に実験を中止した。前述のように，1人で先生役をやった場合，途中で中止した人はわずか35％だったのに対し，3人条件では90％の人が途中で実験を中止している。つまり，自分と同じ立場にいて，しかも権威に対抗し，指示に従わなかった人がいるということが，自分が止めようとしたときに心理的支えとなったといえる。同じ立場の他の人の行動が，行動決定するときに大きな影響を与えたのである。

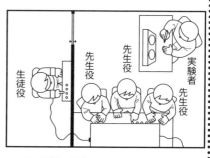

図　服従と対抗の集団実験状況

（Milgram, 1974 をもとに作成）

第7章

攻撃と対立の人間関係

最近，人を殴ったことがあるだろうか。そんなことはしていない，と答える人が多いと思う。では，人の悪口を言ったことはないだろうか。「ない」と答えながらもよく思い返してみると，会合で友だちや先輩を批判したり，そこにいない人の悪口を言ったりしたことに気づくはずである。

攻撃行動というと「殴る」「蹴る」など身体的暴力を連想するので，自分には関係ないように思えるかもしれないが，悪口となるとかなり身近であろう。実は，悪口もれっきとした攻撃行動である。

1　攻撃行動の分類

心理学では，攻撃行動とは人を傷つける意図を持った行動，とされる。

バスは，攻撃行動を三つの次元の組み合わせから八つのタイプに分類している。以下はその八つの攻撃型と具体的な例である。

POINT

八つの攻撃のカテゴリータイプ

攻撃のタイプ	例
身体的―積極的―直接的	突く，殴る，発砲する。
身体的―積極的―間接的	落し穴をしかける，暗殺者を雇う。
身体的―受動的―直接的	相手の行動を物理的に妨げる（例：座り込み）。
身体的―受動的―間接的	するべきことを拒否する。
言語的―積極的―直接的	相手を侮辱したり，非難したりする。
言語的―積極的―間接的	相手の悪い噂やゴシップを流す。
言語的―受動的―直接的	話をしない。
言語的―受動的―間接的	相手が不当な非難を受けていることが分かっていても，その人をかばってあげようとしない。

(Buss, 1971 をもとに作成)

まず，第一の次元として攻撃的行動が身体的か言語的かを区分している。殴る，蹴るなども，武器を使用しての攻撃行動が**身体的攻撃行動**である。それに対して怒鳴ったり，侮辱したり，メールで中傷文を回したりなど，言葉

や文章を使用して攻撃行動をするのが**言語的攻撃行動**である。

　攻撃行動といった場合，社会的には暴行事件など，身体的攻撃行動に関心が強いといえる。身体的攻撃は，はっきりと目につき，極端な場合，殺人事件になるので，社会的に大きな問題になる。現代においては身体的攻撃行動は社会的に強く制裁されており，全体として抑制される傾向にある。ただ，社会的抑制の届きにくい，校内，社内のいじめや，家庭内のDVなどの暴力は後をたたない。

　一方，情報化が一段と進んだ現代社会において問題化しているのは，言葉を使った暴力や攻撃的行動である。言葉による暴力は，路地での罵り合いからマスコミを使った大量伝達，特に最近ではSNSによる中傷など，容易なうえ匿名性を持つネットの普及により，多様な形で行われるようになってきている。

　攻撃行動の分類の第二の次元は，積極的か受動的かである。自分から攻撃行動を起こす場合が，積極的攻撃行動である。相手の行動を妨害したり，相手からなされた行動に対処して反発するような攻撃行動が，受動的攻撃行動である。

　攻撃行動の第三の次元は，攻撃行動が直接，当の相手に向けられているか，別のものに向けられるかである。攻撃の対象を直接殴る，あるいはその人に直接メールを送って批判するなどは直接的攻撃である。しかし，直接的攻撃は社会的要因から抑制されることが多い。たとえば，人は欲求不満のとき攻撃しやすいといわれているが，人間関係においてそのような欲求不満を生じさせる相手は，たいてい自分より上の人，つまり上司や先生，先輩らである。では，そのような人に対してその都度，直接的攻撃行動をするかというと，社会的状況を考慮に入れるとよほどのことがない限り，実際にはなされない。そのような直接的攻撃行動は，後のことを考えると代償（コスト）が大きすぎるので，抑制されるのである。その代わり，その攻撃行動の矛先が抵抗できそうにない弱い相手に向けられるのである。これが，間接的攻撃行動である。また，自分でやらないで誰かを使って攻撃させることや，悪いデマを流すなども間接的攻撃である。

　目につきやすいのは，暴力事件など直接的攻撃行動である。しかし，SNS

やネットが急速に普及している今，攻撃行動を理解するためには間接的な攻撃に目を向け，目の前で起こっていることだけではなく，その背後で起こっていることや，関係する人の人間関係を分析することが重要である。

2　攻撃行動起因の理論

　人はなぜ，他の人を傷つけようとするのか。攻撃行動はなぜ起こるのか。攻撃行動が生じる原因について，心理学では次のような諸々の理論で説明している。

!POINT

攻撃行動起因の諸理論

❶ 攻撃本能説　❷ フラストレーション攻撃説　❸ 攻撃手掛かり説
❹ 攻撃学習説　❺ 攻撃の社会的構築理論

---

1)　攻撃本能説

　攻撃本能説は，人を攻撃するのは人間の持つ生得的な攻撃本能であるとしている。この立場をとるのは，**比較行動学**と**精神分析学**である。比較行動学者のロレンツは，動物の攻撃性は外からの攻撃に対処するため，また食欲を満たすための補食をするためなど，個体の生存のために必要であり，また，種内での攻撃的競争は，強い子孫を残す淘汰を行うために必要であるとする。この理論では，攻撃性は生得的なものであり，その種に特有の触発刺激があれば，自動的に攻撃行動が生起するとしている。ただ，どう猛な動物は互いの攻撃による種の絶滅を防ぐために，同時に別の信号によって攻撃を抑制するメカニズムも持っている。しかし，人間のような強力な身体的武器を持たない動物は，この生得的抑制装置が弱いために，どう猛な動物よりもむしろ，攻撃行動はエスカレートすることになる，としている。

　精神分析学者フロイトは，人は深層心理に攻撃的本能を持つとしている。

第7章 攻撃と対立の人間関係　117

トピックス 7-1

怒ったとき人は必ず攻撃するか

●エイヴェリルの怒りの情緒と攻撃行動の関連調査●

　叩かれたり，嘲笑されたりすると，怒りを感じる。怒りは攻撃行動に結びつく。怒りの情緒は，攻撃的行動を引き起こす最も直接的な要因と考えられている。では，怒りを感じると，いつでも攻撃行動が生じるのであろうか。

　エイヴェリルの研究は，この怒りの情緒と攻撃行動との関係について調べている。その結果が右下の表である。この表は，怒りを感じたとき，どのように反応するかを調査したものである。

　調査の結果から，怒りを感じたときの反応は，直接的攻撃行動，間接的攻撃行動，置き換え的攻撃行動，非攻撃的行動の四つに分類されている。また，攻撃的欲求を感じることと，実際に攻撃行動をするかも区分されている。

　この調査の結果から，人は怒りを感じても，直接的に相手を殴るといった身体的攻撃をとるケースは，非常に少ないことが分かった。ぶん殴ってやりたいと思う場合が40%，しかし，本当に殴るという攻撃をするのは，わずかに10%である。これも質問への答えなので，実際に行動するのはもっと低いと思われる。

　怒りを感じたとき最も多く感じる欲求は，言葉で言い返してやろうという言語的攻撃欲求で，80%以上の人がそう思う。しかし，実際に言い返すのはその約半分の49%である。

　では，怒りを感じた場合，最も多く実際に行われる行動は，なんと，冷静に通常の社会的活動に従事しているという結果であった。怒りを感じたとしてもそれにかまわず，通常の生活を続けているのである。また，第三者にそのことについて，攻撃的な気持ちではなく，普通にこんなことがあったと話をするという場合が非常に多いことも分かった。このことから，人は怒りを感じても，その都度，攻撃的に振る舞ったり，当たり散らしたりはしないで，もっと対人戦略を考えて行動していることが分かる。

表　怒りを感じたときの反応
（Averill, 1983をもとに作成）

反応のタイプ	攻撃的欲求	攻撃行動
〈直接的攻撃〉		
言語的攻撃	82%	49%
利得剥奪的攻撃	59	41
身体的攻撃	40	10
〈間接的攻撃〉		
悪口，カゲ口	42	34
所有物破損	25	9
〈置き換え的攻撃〉		
物への八ツ当り	32	28
人への八ツ当り	24	25
〈非攻撃的行動〉		
通常の活動	60	60
事件についての会話（第三者）	59	59
事件についての会話（相手）	52	39
怒りの反応	14	19

フロイトは，人間には生（リビドー）と死（タナトス）の二つの本能的衝動
があり，これが人間の心理的エネルギーの根源であるとしている。死の衝動
は本来は，自らに向かうが，それが転移し，外に向かい，他者や社会への攻
撃行動となり，破壊的快を求めて攻撃行動がなされるとしている。また，も
う一つの本能的衝動から生じる性的欲求（リビドー）も，自我や社会的抑制
により充足が妨げられるので，衝動は抑圧され不満が増大し，そのエネルギ
ーが攻撃行動として外に向かうことになる，としている。

2） フラストレーション攻撃説

　自分の思いどおりにいかずイライラしているときには，ささいなことでも
ついカッとなって怒りを感じ，攻撃的になる。人から非難されたり侮辱され
たりして自尊心を傷つけられると，腹が立ち，「殴り返してやりたい」とか
「やっつけてやりたい」という報復的な気持ちが生じる。
　ダラードらの研究は，人は欲求が阻止され，欲求不満状態，つまりフラス
トレーション状態に陥ると，必ず何らかの攻撃行動が生じると説明し，**フラ
ストレーション攻撃仮説**を提唱している。また，この説から，逆に攻撃的行
動が見られた場合，その原因として，必ず何らかのフラストレーション状態
があるとしている。
　ただ，攻撃行動は，相手の報復行動を呼ぶ可能性が高い。それゆえ，報復
力の強い上司や社会的地位の高い人などに対する攻撃欲求は，報復の恐れか
ら抑制される傾向が高い。しかし，抑制されたからといって，フラストレー
ション状態がなくなるわけではない。最初のフラストレーションに加えて，
報復できない欲求不満がさらに加わり，フラストレーションは倍加する。こ
のため，攻撃欲求はより強くなる。このとき，このフラストレーションによ
る攻撃欲求は，目標をより報復力のない弱い対象に向けられることになる。
これが，攻撃行動の置き換えである。上司に叱られた部下は，その下の部下
に，その下の部下は，さらにその下の部下に当たり散らす。このように，攻
撃行動は下方性を持ち，より力の弱いほうへ向けられていくのである。

トピックス 7-2

スポーツや祭りにケンカが多い理由

●ジルマンらの攻撃の興奮転移理論の実験●

　ジルマンらは，シャクターの情緒の生理・認知説に基づいて，攻撃行動の**興奮転移理論**を提唱している。人は普通の心理状態では，わずかな不満や中傷くらいでは強い怒りを感じないし，それで攻撃行動をすることもない。しかし，生理的興奮状態にあり，なお，その原因が何にあるかがあいまいなときは，その原因を現実に目の前に起こっている嫌なことに帰属させ，その興奮が怒りに転移し，それゆえに攻撃行動を容易に生じさせる。ジルマンらは次のような実験で，このことを実証している。

　参加者の大学生は，他の大学生と一緒に罰の学習効果を調べる実験に参加する。実験は，トピックス6-5のミルグラムの記憶の実験とほぼ同様の方法で，先生役の人が生徒役の人に，罰として電気ショックを与えることになる。ただし，この実験では先生役と生徒役は途中で交替する。参加者は，最初生徒役になる。このとき，怒りの挑発の高低をつくるために，「高い挑発条件」では9回，「低い挑発条件」では3回の電気ショックを受ける。次に，参加者は，ルームランナーを漕ぐように言われる。この激しい運動により，生理的興奮状態がつくられた。生理的興奮をつくらない条件の参加者は，円板を縫い合わせる簡単な作業をした。その後，先生役と生徒役を逆転させ，学習実験の後半を行う。ここでは参加者が先生の役になり，生徒役の人に電気ショックを与えることになる。このとき，どのくらい強い電気ショックを与えるかが調べられた。

　実験の結果，前半で先生役の人から電気ショックを多く受けていた参加者のほうが，そうでない参加者より強い電気ショックを与えていた。いわば，報復したといえる。また，ルームランナーを漕いだ人のほうが強い電気ショックを与えた。運動による興奮の転移効果が見られた。ただし，怒りの挑発が少ない場合，生理的興奮が転移せず，攻撃が強まることはない。怒りの挑発を強く受けたとき，そこに原因が帰属され，興奮の転移が生じ，攻撃行動を促進することが明らかにされた。

3) 攻撃手掛かり説

バーコウィッツとジーンの**攻撃手掛かり説**は，攻撃行動が実際に行われる瞬間に注目し，攻撃行動の生起には銃やナイフなど手掛かりの存在が鍵になるとしている。攻撃行動の背景的原因としては，当人の攻撃的性格や，前述したフラストレーション，他者からの攻撃などが考えられ，これらの要因が攻撃行動の準備状態をつくりだす。しかし，攻撃行動が実際に生じるためには，攻撃行動を引き起こす直接的手掛かりが決め手になる。

攻撃行動の手掛かりとしては，攻撃を連想させるものが強力である。たとえば，暴力的映画やテレビの攻撃場面，ピストルやナイフなどで，何らかの形で攻撃と結びついたものである。バーコウィッツとジーンの研究（トピックス 7-3）は，実験室でこの攻撃手掛かり理論を実証している。凶器がそこに存在し，自由に使えることが，人々の攻撃欲求を誘発し，高めることを明らかにしている。「人が銃の引き金を引くのではなく，引き金が人に銃を撃たせる」という言葉がある。銃の保持が認められているアメリカと，禁止されている日本の殺人事件の数の違いは，武器・凶器の存在自体が攻撃を誘発させる効果があることを示しているといえる。

4) 攻撃学習説

攻撃行動はしつけ，教育などを通して，反社会的行為として抑制することが学ばれている。このため，社会的には，十分抑制されているはずである。しかし，実際は，むしろ発達過程で攻撃行動は学習されている，とする考え方もある。それが，**攻撃学習説**である。

多くの社会的行動と同様に，攻撃行動も報酬によって強化される。攻撃行動によって欲しい物を手に入れることができたり，攻撃行動を男らしいなどとほめられたりすることにより，特に男子は攻撃傾向を強めるようになる。

このような直接的な強化による学習に加えて，子どもの頃から他の人の攻撃行動やその成果を観察することによって，攻撃行動が報酬に結びつくことを学習していく。それが**観察学習**，あるいは**モデリング**による攻撃行動の学習である。

トピックス 7-3

名前が同じだけで，ひどい目にあう

● バーコウィッツとジーンの攻撃手掛かり理論実験 ●

バーコウィッツとジーンの研究は，映画の格闘場面を手掛かり刺激として使い，怒りが攻撃行動にどのような影響を及ぼすかを検討している。

実験は2人1組で行われ，参加者は，課題解決とその評価を行う，と言われる。各場面で互いに相手の解決結果を検討し，その悪さを電気ショックの数によって評価する，というものであった。まず，参加者が課題解決を行い，相手から結果の悪さに応じて電気ショックを受けた。このとき，半分の参加者は，結果が悪かったとして7回の電気ショックを受けた。残りの半分の参加者は，悪くなったとして1回の電気ショックしか受けなかった。両条件群の半数の参加者は，相手の参加者の名前は「カーク・アンダーソン」であると知らされ，残りの半数の参加者は，相手の参加者は「ボブ・アンダーソン」であると言われた。その後，参加者の半数はカーク・ダグラス主演の映画『チャンピオン』の格闘場面を7分間，残りの半数の参加者は陸上競技のフィルムを同じく7分間見た。

映画を見た後に，課題解決の後半部分が行われた。後半は役割が逆になり，参加者が相手の問題解決の悪さを評価し，電気ショックを1～7回のどれかで与えるようにと言われる。このとき，参加者がその相手に怒っていればいるほど，より多くの電気ショックを相手に与えると予測される。

実験の結果，前半で自分が多くの電気ショックを受けた人は，より多くの電気ショックを与えていた。その条件のなかでも，陸上競技場面を見た参加者よりも格闘場面を見た参加者が，より多くのショックを与えていることが分かった。

さらに，注目すべきことは，格闘場面を見た参加者のなかでも，相手の参加者の名前が「カーク」と言われた人は，格闘場面で攻撃者を演じているカーク・ダグラスと相手の「カーク」という名が結びつけられ，最も多い電気ショックを与えていたことが明らかにされた。

この実験で，カークと呼ばれた参加者が強い攻撃行動を受けたことは，攻撃と結びつくような手掛かりが存在するときに，攻撃行動が誘発されやすい，という攻撃手掛かり説を実証したといえる。

バンデュラらの研究は，攻撃的行動がこの観察学習によって獲得されることを，実験（トピックス 7-4）で証明している。大人が人形に攻撃を加えている場面を観察した子どもたちは，同じような場面が設定されると，その大人と同じように攻撃的になったのである。しかも，重要なことは，モデルの大人が報酬を受けていない場合でも，つまり，攻撃行動を見ただけでも観察学習が成立することを実証したのである。これでは，テレビで暴力的シーンを見ているだけで，子どもは攻撃性を学びかねない。最今では，映像はテレビだけではなく，むしろインターネットのほうが多く利用されており，いつでも自由に好みの画面を見ることができる。このため，観察学習による影響はますます大きくなっている，といえよう。

5）攻撃の社会的構築理論

怒りから生じる攻撃行動は，情緒的高まりからの暴力的行為として研究されているが，**社会的構築理論**に立つと，怒りやそれに伴う攻撃行動は，不当に感じたときの適切な対人対処法とされる。それは，文化のなかで社会的に構築されたもので，共有する規範であるとされる。その認知の枠組みのなかで，実際は冷静に，むしろ実利的に攻撃行動をしているとされる。この立場からは，怒りは生理的反応ではあるものの，攻撃行動はそれだけに由来するわけではなく，当面する対人関係を管理，調整する一つの方法として，高度に洗練化された対人対処法として起こされるとされる。

怒りとそれに伴う攻撃行動は，自らコントロールできない情緒的爆発ではなく，「自らをコントロールできないくらいの不本意な事態なのだ」ということを相手に知らせ，それにより自分の意図を相手に理解させ，事態を有利に動かそうという対人スキルである。自ら意識して怒ったふりをする場合があるが，怒りや攻撃行動は，無意識のうちにも，問題を有利に解決する手を打っているということである。

このため，この立場から見ると，感情もそれに伴う行動も各文化により大きく違う。それは，人々が共有してつくり上げている共通の規範や認識が違うからである。たとえば，不当な扱いを受けたとき，その反応はかなり異なる。欧米だと，怒り，攻撃的に反発し，対立して言い分を通そうとする。一

トピックス 7-4

暴力番組を見ると子どもは乱暴になる!?

●バンデュラらの攻撃行動観察学習の実験●

　バンデュラらは，他の人が攻撃行動をしているのを見ているだけで，観察者が攻撃的になるかどうかという，攻撃行動の観察学習を実験的に検討している。

　実験は，写真のように大人がビニール製の人形を乱暴なやり方で殴ったり，蹴ったりしている場面を，園児が見てしまうという状況を設定した。その後，園児は別の部屋に連れていかれ，そこには，さきほど，大人が殴っていたものと同じ人形がある。実験者は，子どもをその部屋で自由に遊ばせる。そのとき，大人の暴力的行為の影響が子どもの遊びに出るかどうかを，別の部屋から観察した。

　実験の結果，暴力的な大人を見た園児たちは，その大人がやっていたのと同じように，乱暴なやり方で人形を殴ったり，蹴ったりしていた。他方，比較のため，そのような大人を見なかった子どもを，同じ部屋で，同じおもちゃで遊ばせてみた。この場合，乱暴な行動は見られなかった。つまり，子どもは大人の乱暴な行動を見て，大人をモデルとして，攻撃的な行動を学習したのである。

　このように，他の人（モデル）の行動を観察することによって，そのモデルの行っている行動と同じような行動をするようになることを，**モデリング**あるいは**観察学習**という。また他の人の行動を見て学ぶという点で，**社会的学習**とも呼ばれている。バンデュラの理論によれば，このような社会的学習が成立するのは，モデルの行動を見たときに，その行動をイメージや言語に象徴化し，記憶しておき，その後，同様の場面に出会ったときにその記憶が引き出され，それに基づいて行動がなされるからだと説明されている。バンデュラらは，さらにこの実験をビデオで流すというテレビによる観察学習の実験も行い，同様の結果を得ている。このことから，テレビの暴力的シーンが子どもに与える影響を考えさせられる実験である。ただ，この実験はあまりに人工的である点や，園児が実験者の期待に応えて行動したのではないか，という指摘がされている。

写真　攻撃行動の観察学習　(Bandura et al., 1963)

方，日本では，対立を避けたいため，怒らず苦笑することが多い。このため欧米人から，日本人の苦笑は不可解と不思議がられる。しかし，これが日本人の対人対処法であり，文化の差である。

　怒りを感じたら相手に攻撃し返すというのはごく当然のように思えるが，実はアメリカでも，日常生活ではそんなに攻撃が生じることはない。トピックス7-1に示したように，エイヴェリルらの研究によれば，攻撃に対して身体的な攻撃行動で仕返すのは10分の1くらいであることが実証されている。人はフラストレーション場面でも，その文化規範に沿って最も適当な対応をしており，怒りを感じ，そこから攻撃行動をするのは，それが，その状況で問題解決に最も適当であると判断されたときなのである。怒ることにより，通常許されない攻撃行動が許されることを知って怒っているのであり，この点，感情的攻撃行動も巧妙な実利的行動なのである。

3　対立的状況と対立的行動

　人に協力的な人もいれば，すぐ対立的になる人もいる。しかし，実際にある状況で人が協力的行動をとるか，対立的行動をとるかは，当人の性格もあるが，むしろその場の利害の不一致が大きな要因となる。仲の良かった恋人が突然別れるのも，解決できない対立的問題が生じたことによる場合が多い。対立はスポーツに例をとると分かりやすい。柔道の試合ではいくら協力的な人でも対立的になる。状況ははっきりと対立的で，両者は競争しなければならない状況である。逆に，マスゲームでは全員が協力し合う。ここでは，状況が協力的で対立的状況は存在しない。

　通常の社会生活における対人関係は，スポーツほど明確ではないが，個人間の協調や対立は，二人がおかれている社会的状況に大きく影響される。レイブンとルービンはこのような対立的あるいは協力的行動が生じる社会的状況要因を重要視して，相対している二人の目的と手段という二つの観点から，状況が相互依存的であるか独立的であるかを図7-1のように分類している。この図をもとに，実際の対人場面について対立的行動が生じやすい状況や，協力的行動が生じやすい状況も検討することができよう。

	目 的		
	プラスの相互依存的（依存的）	独立的	マイナスの相互依存的（対立的）
手段 プラスの相互依存的（依存的）	集団全体の評価 ／ 役割の分担	各人の個別評価 ／ 役割の分担	順位づけ評価 ／ 役割の分担
独立的	集団全体の評価 ／ 個別勉強	各人の個別評価 ／ 個別勉強	順位づけ評価 ／ 個別勉強
マイナスの相互依存的（対立的）	集団全体の評価 ／ 利用教材が不足のなかでの個別勉強	各人の個別評価 ／ 利用教材が不足のなかでの個別勉強	順位づけ評価 ／ 利用教材が不足のなかでの個別勉強

図 7-1　社会的状況の目標と手段の相互依存関係（学生のゼミの成績評価の例）

(Raven & Rubin, 1983 をもとに作成)

　ここでの目的とは，その状況における個人の目標である。入学試験に受かることや100m競争で勝つことなど，人がある個人的目標を手に入れようと行動したとき，自分が成功すれば（勝つと）自動的に他の人が失敗する（負ける）ような状況がある。このような事態は，目標に対して相互に対立することから，**マイナスの相互依存関係**と呼ぶ。

　逆に，宇宙ステーションの打ち上げのように，参加している人たちの成功と失敗が全員一致するような状況を，目標に対して**プラスの相互依存関係**と呼ぶ。

　一方，TOEFLの試験や体力測定のように，成功・失敗は各人の能力や成績で決まり，参加している人たちとは相互に独立的である状況がある。この場合，目標に対して独立的関係であると呼んでいる。

次に，手段について見てみよう。ある目標を手に入れようと行動したとき，そのために必要な道具や知識が必要になるが，適当な道具を使用するという点において，参加者の間に依存‐対立関係が生じてくる。道具が限られてくる場合，一人がそれを使うと自動的に他の人が使えなくなる。このような場合，手段に関して対立的であるということになる。これを，手段が**マイナスの相互依存関係**と呼ぶ。逆に，皆の持っている道具や資料を組み合わせることにより，より効果的な利用ができるということがある。このような状況を手段が**プラスの相互依存関係**と呼ぶ。

　以上のような分析をもとにレイブンとルービンは，社会的状況の対立・協力の相互依存関係の枠組みを，3×3のマトリックスにしている。図7-1の各セルの中は，学生のゼミの成績評価に関する教授の方針と，学生間の競争・協力の相互依存関係が例示されている。ゼミの成績評価を学生の成績順につけると教授が表明したら，学生にとって成績評価は相互に対立することになる。つまり，目標がマイナスの相互依存関係になるということである。

　一方，教授がゼミの成績はゼミ全体の成果で決め，全員同一の成績をつけると表明したら，成績評価は相互依存関係となる。また，成績は，学生間の比較はしないで，各学生の成績の良し悪しで絶対評価をするとしたら，成績評価は相互に独立的関係となる。

　次に手段について見てみよう。ゼミの勉強をするのに利用するパソコンが

図　水準器実験における３人の依存・独立関係の構造変化

（Raven & Eachus, 1963 をもとに作成）

> トピックス 7-5

競争しながらも，協力し合う

●レイブンとイークスの相互依存関係の水準器実験●

　右頁下図は，レイブンとイークスの相互依存関係の実験風景である。手は3人の手で，手の前にあるのは，建築用の水準器である。水準器は中の気泡を中心点に合わせることにより，その面が水平であることを知ることができる器具である。

　さて，実験の課題は，手元のねじを回すことによりテーブルの面を上下し，自分の水準器の気泡を中心点に合わせることである。この実験装置は，水準器の置き方により，3人の依存関係を操作することができる。たとえば，左頁下図Aのように水準器が置かれていると，各参加者は最初，自分のねじを回して気泡の位置を調整しようとするが，自分の気泡は自分のねじの回転ではどうにもできないことに気づく。自分の気泡の動きは他の2人のねじ回しの具合によって決定するので，他の2人の協力があってはじめて自分のところが水平にできるのである。ただ，この他者依存状況は，他の2人も同じである。3人とも自分の気泡は自分では動かせなく，その代わり，手元にあるねじを上下することにより他の2人の気泡を動かすことができるのである。しかも，他の人の面を水平にするためには自分だけでは不可能で，もう1人の人と協力することによってはじめてできるという事態である。

　レイブンとイークスの研究は，状況をこのように極めて相互依存的に作り，そ

のうえで3人の目標の依存性を操作した。ある集団には，マイナスの目標関係として，3人のうちで一番早くできた人に賞が与えられると伝え，別の集団にはプラスの目標関係として，3人全員が水平になるまでの時間によって賞が与えられる，と伝えた。

　実験の結果，互いの目標がプラスの集団は，マイナスの集団よりも互いに協力し合い，より早く各自の水準器の気泡を水平にすることができた。また，雰囲気も良く，課題を楽しく遂行し，メンバー同士が互いに好意を持ち，敵対関係にならなかった。一番の人に賞を与えるというマイナスの相互関係の集団においても，何回もこの課題を繰り返していると協力的になり，解決が速くなっていた。このことは，目標がマイナスの依存関係の場合でも，手段がプラスの相互依存関係のときはあまり気分は良くないが，最終的には互いに協力し合うようになることを示している。

学生の人数分ないというようなことがある。このような場合，利用できる人が限られているので，手段において学生間は対立関係となる。学生人数分のパソコンがあり，個々の学生が各々それを利用して勉強できるような場合は，独立的関係といえる。また，分担を決めたり，ネットをつくって勉強した場合は，互いにプラスの依存的関係といえる。

　私たちは人間関係を分析するとき，個人差や個人の性格に目が向きがちである。もちろん，人には競争的な人も協力的な人もいる。しかし，実際場面で対立するか，共同するかは，そのときの社会的状況に大きく依存する。だから，社会的状況を変えることにより，同じメンバーでも協力的になったり，対立的になったりするのである。互いに協調するような関係を望むとしたら，相手の人の性格の悪さを非難する前に，状況を変える，という視点を持つことが大事であるといえよう。また，社会心理学の実験的研究から，相手とのコミュニケーションや信頼性が，協調関係を成立させるのに特に重要な要因であることが明らかにされている。

トピックス 7-6

共貧関係から抜け出せるか

●ドイッチの囚人のジレンマの実験●

囚人のジレンマとは次のような状況である。共犯と見られるが，物証のない2人が逮捕された。警察は自白させるために，2人を別々の部屋で尋問し，次のように司法取引きを持ち出した。「もし，先に犯行を自白したら，自白に免じて刑を特別に軽くする。本来なら3年の刑を3カ月にする。ただし，同じ話を相手にも今している。もし，君が黙秘し続け，相手が自白したとなると，相手は3カ月だが，君は5年の刑になる」と。このとき，もし，2人が黙っていれば，物証がないため別件での6カ月となる。2人とも自白した場合は事件が成立し，2人とも3年の刑になる。このような状況で容疑者は自白するか黙秘するかのジレンマのなか，選択を迫られる。互いに相手を信頼し，黙秘すれば2人とも刑は軽い。しかし，その信頼が裏切られると相手は軽く，自分は重い刑となる。では自分が裏切ると必ず刑は軽いかというとそうでもない。そうなる場合もあるが，相手も裏切れば，それなりの刑になる。このため**囚人ジレンマ**状況といわれるのである。

これを通常の対人関係的に見ると，相手と協力するか，競争するかという選択であり，心理的に見ると相手を信頼するか裏切るかの選択となる。

この囚人のジレンマはドイッチによって図のような実験ゲームの形にされ，協力と競争，信頼と裏切りの研究の実証的方法として用いられている。実験ゲームの場合，下の図のように点数化される。

Cが黙秘にあたる協力的行動である。Dが自白にあたる競争的行動である。2人ともCの場合を**共栄関係**，2人ともDの場合を**共貧関係**と呼ぶ。

ドイッチはこのような囚人のジレンマのマトリックスを使い，実際に連続してゲームを行っている。実験結果は最初は共栄関係が成立しにくいため，20回くらいまではDが増加し，このため，共貧関係に陥ってしまう。そして，いったん共貧関係に陥ってしまうと，そこからなかなか抜け出せない。しかし，実験条件として，2人のコミュニケーションを可能にすると，事態は一変する。2人が話し合うと，Cが選択される。コミュニケーションにより相手を信頼でき，共栄関係が成立し，それを維持することができる。

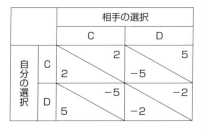

図　囚人のジレンマ・ゲームの得点具体例

トピックス 7-7

脅す道具を持つことが利益につながるか

●ドイッチとクラウスのトラッキング・ゲーム実験●

ドイッチとクラウスの研究は、2人の間の取引ゲームにおける威嚇の影響についての実験である。

参加者は、トラック会社の運送係として、商品を目的地まで運ぶというトラッキング・ゲームを行う。2人の参加者はAB どちらかの会社に割り当てられ、「自分の会社の車を使って一定時間内に目的地まで、できるだけ多くの回数、荷物を運ぶようにしてください」と実験者から言われる。使用できる道は、図のように旧道の山腹を走る曲がりくねった道と、バイパスの山中を貫くような直線道路の二つの道があり、どちらでも選択できる。しかし、この直線道路は1車線しかなく、しかも、両社は逆方向に荷物を運ぶので、もし、両社が同時に直線道路を進むと山中でぶつかり合ってしまい、互いに前に進めないことになる。

このような状況でゲームが開始されると、2人の参加者は、最初は2人とも直線道路を使う。そこでぶつかり、立ち往生となる。このとき、一方がバックして譲り、次の回は反対の会社がバックして譲ると、一種の取引が成功し、運搬がスムーズに行われる。この譲り合いが成立しないと、直線上でのハチ合わせが多発し、運搬効率を上げることはできない。実験の結果、多くの場合、譲り合いが成立することが分かった。

次に、新たな実験条件として、直線道路の各々の入口にゲートを作り、各々の会社がゲートを開閉できるようにした。このことにより、両社ともに相手の進行を妨害する手段を持つことになる。

このようなゲートを設定して実験を行うと、参加者は互いにゲートを使い、妨害し合う。このため、運搬作業は進まず、両者とも大きな損失を計上することになった。この実験は、武器や権限を持つと、互いにそれを使うことに集中し、協調性も効率性も忘れてしまい、両者が事態を悪化させ効率を下げてしまうことを示唆している。

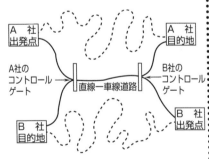

図　ドイッチとクラウスのトラッキング・ゲーム
（Deutsch & Krauss, 1960 をもとに作成）

第8章
集団のなかの人間関係

大学，サークル，会社，遊び仲間など，私たちは，集団や組織に所属し，そのなかで生活している。そこには，さまざまな人間関係がある。ここでは，集団のなかの人間関係について見ていくことにする。集団や組織には時に想像できないような力が生れる。集団競技で勝ち進んでいるチームの選手は，試合中に実力以上の力を発揮するといわれる。自分でも信じられないようなプレーができるのである。チームが一丸となって勝とうとしたとき，企業が一体となって目標に向かったとき，そのメンバーの個々の力を合わせた以上の力が出る。逆に，メンバー一人ひとりは高い能力を持っているのに，チームとしては力が発揮できず勝てないチームもある。そこに，チームプレーの面白さ，組織の力がある。

もちろん，やっているのは個々のメンバーである。集団に魔力があるわけではない。優れた集団は，個々のメンバーがその集団特有の雰囲気のなかで実力を発揮し，交互に刺激し合い，うまくかみ合い，全体の力を高めているのである。

1　集団の人間関係の魅力

社会心理学者のレヴィンは，**グループ・ダイナミクス**（集団力学）を創設し，心理学者として初めて集団を研究の中心にすえた。

グループ・ダイナミクスでは，人が集団に参加する魅力が研究され，集団の主な魅力として，次頁のような5点があるとされている。

人は集団の持つ魅力にひかれて，集団に入る。ただ，集団に入るときと入った後では，集団に対する魅力はかなり変わる。このため，入った理由と，入った結果，良かった理由とは，かなり食い違う。たとえば，サッカーのプロになりたくてサッカークラブに入った。しかし，プロにはなれなかったが，クラブに入ったため生涯の友だちができ，自分も成長し，クラブに入って本当に良かった，という人がいる。入った会社での仕事は期待外れだったものの，職場で恋人ができ結婚したから，この会社に入って良かった，という人もいる。入るときは集団の目標や活動にひかれて入る人が多いが，入ると，その活動を通して生まれる人間関係が魅力になる。そして，むしろ人間

第8章　集団のなかの人間関係　　*133*

> **! POINT**
>
> ### 集団に参加する五つの魅力
>
> ❶ 集団の活動それ自体の魅力
> ❷ 集団の目標に対する魅力
> ❸ 集団の持っている社会的価値への魅力
> ❹ 集団が自分の目標の達成手段となる魅力
> ❺ 集団内の人間関係の魅力

関係に魅力を感じて集団に参加し続ける人も多い。人間関係は集団のなかで生まれ，深まるからである。

　他方，人間関係の悩みも集団や組織のなかで生まれる。集団のなかの位置関係が対立を生み，悩みを深刻化することも多い。

2　集団凝集性と集団圧力

　集団にはいろいろな魅力がある。自分一人ではやりたくてもできないことも，集団に入ると大勢で力を合わせることによって可能になり，大きな仕事ができる。また，協同作業をやることによって仲間との一体感が生じ，友情が生まれる。しかし，集団は良いことばかりではない。集団に入っているために嫌な思いをすることも多い。集団活動での嫌なことのひとつは，自分の思いどおりにならないことであろう。自分がやりたいと思っている活動よりも，集団で決定されたことが優先され，規則や規範が生まれ，嫌なことでもやらなければならず，何のために集団に入ったのだろうと考えてしまうこともあろう。しかし，それが集団であり，組織である。各自がバラバラに思い思いのことをしたのでは，集団活動や組織活動はできない。それでは，もはや集団として機能しなくなり，成果もあげられなくなる。

　集団には，凝集性と斉一性が働く。集団メンバーは，集団ができると自然に，あるいは意識的に，集団としてまとまろうとする。これが**集団凝集性**で

ある。そして，できるだけ同一性を持とうとし，メンバーの逸脱を嫌う。これが**集団斉一性**である。そうすることにより，集団活動を強化しようとするのである。集団で活動しようとしたとき，メンバー一人ひとりの心の中に，この気持ちが生じるのである。実際に，「皆でまとまっていこう」とか，「考えをそろえよう」という言葉が飛び交うことになる。メンバーのこの気持ちから集団活動が加速される。これが，集団の斉一性への圧力である。そして，集団によっては，それを明確な規範とする場合もある。

集団メンバーは互いに凝集しようとする。しかし，この凝集性や斉一性が，メンバー個人にとっては圧力にもなる。**集団圧力**により，やりたいことができない，言いたいことが言えないことになるのである。そのような集団圧力下における**同調行動**の実証実験を行ったのが，アッシュの研究（トピックス 8-1）である。

3 リーダーシップ

集団や組織がある目標を持ち，それをできるだけ効率よくスムーズに実現しようとすると，目標に向かって活動を効率化するために，**リーダーシップ**が必要とされる。単なる人の集まりでは共同作業はうまく進まない。仕事の

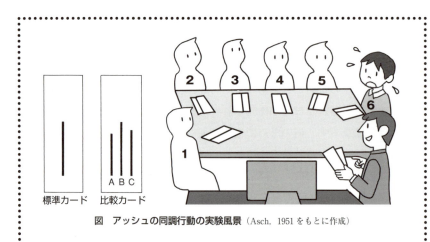

図　アッシュの同調行動の実験風景（Asch, 1951 をもとに作成）

トピックス 8-1

他の人たちと意見が違ったら

●アッシュの同調行動の実験●

アッシュの実験の参加者は、この実験は集団知覚実験であるといわれる。実験室に着くと、すでに5人の参加者が座っている。そこで空いている端の席に座る。実験室の様子は左頁下図に示してあるが、各参加者の前には番号札があり、当の参加者は6番である。

実験者は全員がそろったとき、次のように実験の説明をした。「これから知覚の実験を行います。大きなカードが2枚ありますが、1本だけ書かれたカードが標準線です。これと同じ長さの線を、もう一方のカードの3本の線から探してください。答えはこちらで書き取りますので、1番の人から順番に答えていってください。では、1番の人、A、B、Cの線のうちでどれが標準と同じ長さですか。声に出して答えてください」。

こうして実験が始まる。参加者1番の人は、カードの線を見比べて答える。「では、2番の人は？」といった順番に答えていく。全員が終わると二つ目の課題に移る。課題は標準線、比較線の各線の長さは異なるがそれ以外は第1回目と同じで、標準線と同じ長さの線をABCのなかから選び、それを順に口頭で答えるのである。これを20回行う。答える順番はいつも同じで、6番目の参加者は、常に6番目に答える。

さて、順調に1回目と2回目が終わり、3回目に入ったとき、図の左側に示されるようなカードが示されたとする。正解は見て分かるようにBである。ところが、1番の人は「A」と答える。2番目の人も「A」と答える。さらに、3番目、4番目、5番目の人も「A」と答える。実験者は「では6番目の人？」と、聞く。それまでの5人全員が正解はAだという。それを聞いた後、6番目の人は何と答えるであろうか。

これが、アッシュが行った集団圧力の実験である。これにはカラクリがあり、6番目の参加者以外の人は参加者のように見せかけてはいるが、実は5人とも実験協力者である。5人は事前に実験者から、3番目の課題のときは、全員が一致して間違っている答えの「A」を正解として答えるようにと、指示されていたのである。知らないのは、当の6番目の参加者だけである。この実験では3番目だけでなく、そういった「一致した誤答」を何回か行う。この実験の目的は、そのようなとき、人は集団圧力にどう対応するかを見ることにあった。

実験の結果、答えの約3分の1が集団の圧力に合わせて誤った答えをした。これが同調行動である。参加者のなかには同調行動をせず、まったく答えを間違えなかった人が約4分の1いたが、残りの4分の3の人は、多かれ少なかれ集団の圧力に合わせ同調行動を行った。この実験により、集団の圧力による同調行動が実証された。

分担や役割の分化が必要あり，統率も必要である。そのためには，集団の構造化が必要である。それをリードするのがリーダーシップである。

たとえば，野球ファンは，選手の活躍と同じくらいに，監督のリーダーシップ能力をよく話題にする。実際，選手は昨年とほぼ同じメンバーなのに，監督が交代したことによりチームがガラリと変わることがある。そのために，万年Bクラスのチームが優勝したり，逆に常にAクラスだったチームが低迷したりするのである。「野球は選手がやるもの」という監督の談話もあるが，監督のリーダーシップが大きな影響を与えているのは事実といえよう。

このように，リーダーによって集団の成果が違うのは，野球に限らない。どんな集団や組織でも，リーダーシップは重要である。このため，サラリーマンやOLなど組織に勤めている人にとっては，会社のトップがどのようなリーダーで，どんなリーダーシップをとるかが大きな関心事となる。

しかし，社員にとって会社のトップ以上に気になるのは，直属の上司のリーダーシップである。直属の上司がリーダーとしてふさわしいかどうかは，自分の課の業績にも密接な関係があるが，日常的にその人の指示に従っているために，人間関係上からも問題だからである。集団心理学では多くのリーダーシップの研究がなされている。これまでのリーダーシップの研究には，「リーダー才能説」「リーダーシップ集団機能説」という二つの大きな流れと，最近の「変革型リーダー説」がある。

1) リーダー才能説

リーダーになる人は，リーダーになるべき資質や能力があり，リーダーとしてふさわしい人がリーダーになるというのが，**リーダー才能説**である。

あなたの周囲のリーダーは，指導力や決断力など，人をまとめる統率力があるだろうか。もし，すべてのリーダーに共通する特性があるとすれば，それは，リーダーにはそれにふさわしい能力があり，リーダーはそれを必要とするということになる。ただ，本当にリーダーとして必要な能力は何かということになると，これまでの研究でいくつかの特性が挙げられてはいるが，なかなか結論が得られていない。

トピックス 8-2

専制的リーダーは，いじめを生む

●レヴィンによるリーダーシップの型の研究●

　レヴィンは1920～30年代，当時，ゲシュタルト心理学の中心であったベルリン大学で，要求水準の研究や心理飽和など独創的な研究を行っていた。1930年代になると，ドイツではナチスが台頭し，ユダヤ人迫害が起こる。ユダヤ人であるレヴィンは1935年にアメリカに亡命した。これを機に，レヴィンは研究のテーマを個人の心理から集団に移し，グループ・ダイナミクスを創設した。

　レヴィンの代表的研究の一つは，ヒトラーを意識したリーダーシップの型と，メンバーの行動のフィールド実験である。この実験で，リーダーのリーダーシップのとり方によって集団が大きな影響を受け，雰囲気がガラリと変わり，メンバーの行動も変わることを実証している。実験は，実際の地域の子どものクラブで行い，青年が次の二つのリーダーシップの型で指導した。

　(1)**専制型リーダー**は，リーダーがすべての作業や行動を指示，命令した。子どもには作業の全体は教えず，その場で必要なことだけを，リーダーが指示した。リーダーは特定の子をえこひいきし，成績の上がらない子どもには罰を与えた。

　(2)**民主型リーダー**は，皆ですべての作業や行動を一緒に話し合いながら決め，実行した。作業の全体像を共有し，互いに励まし合い，誉め合った。リーダーも作業に加わった。

　このような二つのタイプのリーダーシップで，子どもの集団を指導した。

　実験の結果を比較すると，作業の生産性については，民主的リーダー型と専制的リーダー型は，ともに生産性は同じくらいであった。しかし，民主型リーダーのもとでの子どもたちは攻撃行動も少なく，集団の活動に満足していたが，専制型リーダーのもとでは不満が多く見られていた。その不満のほこ先が，集団のなかの最も弱い子どもに向けられた。専制型の集団では図に示すように常にスケープゴートが現れ，いじめが行われてメンバーがやめていたのである。この実験により，レヴィンはナチス型の専制的リーダーシップの集団よりも，アメリカ型の民主的リーダーシップの集団のほうが，成員満足度が高い，つまり幸せであることを示したのである。

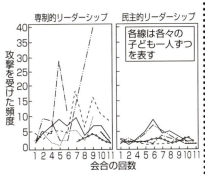

図　二つのリーダーシップのもとでの各児童が攻撃行動を受けた頻度の比較

(White et al., 1953 をもとに作成)

一方で，メンバーはリーダーになる人は何らかの特性を持っていると考え，リーダーはメンバーのその期待に応えてリーダーシップを発揮することにより，組織が効果的に働くという，**リーダー期待説**も唱えられている。

2) リーダーシップ集団機能説

良いリーダーとは，そのとき，その集団が求めている機能を果たす人である。これが**リーダーシップ集団機能説**である。リーダーが集団をリードしていくのではなく，集団の状況が，適当とするリーダーを決めていくという考えである。リーダーは大別すると，課題志向型のリーダーと対人志向型のリーダーがいるが，どちらが適当かはその集団の状況において決められるとする。その代表的な理論が，フィードラーのリーダーシップの**状況対応理論**である。フィードラーは，リーダーシップが効率よく働くかどうかを決めるのは，次頁の4条件であるとしている。

フィードラーは，この4条件のうち，❶のリーダーの志向性が，他の❷❸❹の状況下でどのようなときに有効かをモデル化し，実験的に明らかにしている（図8-1）。

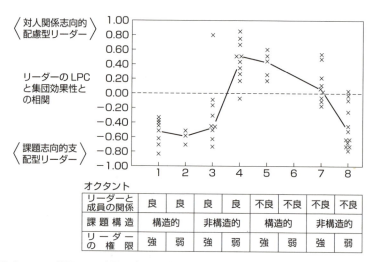

図 8-1　フィードラーの三次元モデルと研究結果（×印が研究結果）(Fiedler, 1967をもとに作成)

その結果，リーダーの地位がしっかり確立していて，課題が構造化し，リーダーとフォロアーの関係が良いときには，仕事をバリバリやる課題志向的リーダーシップが効果的に働くとしている。では，課題が不明確でリーダーの地位も確立しておらず，フォロアーとの仲も良くないときはというと，そのときも，目標に向かって走る課題志向型がうまくいく。そして，その中間的な状態のとき，つまり課題は明確でリーダーとフォロアーの仲が良くない場合，あるいは地位が安定していない場合，逆に課題は不明確だがフォロアーとの仲は良好な場合などにおいては，メンバーとの仲や，メンバー間の仲を取り持つ，温和な対人関係志向のリーダーシップが有効であるとしている。

リーダーシップ集団機能説は，集団や組織のリーダーシップはトップだけが握っているものではなく，構成メンバー全員が多かれ少なかれリーダー的機能を持っていると考えている。会社の社員は社長から新入社員まで，組織人として一人ひとりが会社に対して相応のリーダーシップを持っているのである。

> **!) POINT**
>
> ## リーダーシップ効率性の４条件
>
> ❶ リーダーの志向性（課題志向か対人志向か）
> ❷ リーダーの地位の確立（地位が強固か脆弱か）
> ❸ 課題の構造化（課題が明確か不明確か）
> ❹ リーダーとメンバーとの関係（良好か対立的か）

3）　変革型リーダー説

変化の激しい現代社会における組織のリーダーは，時代の流れを先読みし，来るべき時代に合った組織に変えていく力がなければ，組織は生き残れない。そのためリーダーは，メンバーと対立してでも，組織改革をしていける人でなければならない。そのような力を持ったリーダーを**変革型リーダー**

と呼び，これからの時代，必要なリーダーシップであるとされている。変革型リーダーの特徴は，リーダーがカリスマ性を持っていること，メンバーのあこがれの的であること，自ら先を見通し率先して組織改革に取り組むこと，また，メンバーにも強く変革を促すことなどである。しかし，変革の遂行には，組織あるいは各成員に大きなコストや犠牲がかかる。このため，強引に進めても変革は進まず，反対され，逆に失脚することになりかねない。変革型リーダーは，実証的研究で明らかにされているように，まず，メンバーの信頼を十分に確保してからでないと，変革はうまくいかない。

4　集団における社会的認知の錯誤

　私たちは，ある集団のメンバーとして，日々活動しているが，そのことが自分の集団のメンバーや他の集団のメンバーとの人間関係の認知に，大きな影響を及ぼす。自分の所属している大学や会社に対しては，他の大学や会社に対するときと違って，思い入れが強い。外国に行くと，自分が日本人であることを強く意識させられる。また，外国人は，皆同じように見えてしまう。ここでは，そのような集団メンバーとして，人間関係の認知や社会的認知の特徴，歪みや錯誤について見ていく。

1)　内集団ひいき性

　運動会でクラス対抗のゲームがあったとき，自分のクラスを応援するだろう。そんなとき，自分のクラスのほうが他のクラスより強くあってほしいと思わないだろうか。サークルの後輩に，自分と同じ郷里の出身者が入ってきたとする。他の新入生よりも親しみを感じると思う。

　このように，人は自分と同じ集団に属している人を，他の集団に属している人よりも強いとか，良いとか，肯定的に評価する傾向があり，また感情的にも好意を持つ傾向がある。これを**内集団ひいき性**という。ターナーの研究は，なぜこの内集団ひいき性が生じるかを，**社会的アイデンティティ理論**により説明している。人はある集団に属すると，その集団に属していることが，その人の自己アイデンティティ（自分らしさ）の一部となる。これを，

トピックス 8-3

少数意見の影響力

●モスコビッチのマイノリティ・インフルエンスの実験●

　集団のなかで，少数意見者が積極的に自分の意見を主張する場合をアクティブ・マイノリティ（積極的少数者）といい，その少数者の意見が集団全体に及ぼす効果を**マイノリティ・インフルエンス（少数者影響）**という。モスコビッチの研究は，集団の規範という視点から少数者の影響力に注目している。モスコビッチは，集団圧力による多数者への同調行動が起こるのは，多数という人の数の問題だけでなく，多数意見ということでその意見が集団の規範となるからであると考えた。となると，もし，少数者の意見でもそれが集団規範と考えられると，その意見は受け入れられることになる。

　では，どのようなときに少数者の意見が集団の規範となりうるのだろうか。それは，集団の状況が不安定で，誰もがはっきりとした規範を持てないようなときである。不安な状況においては規範が揺らぐが，そのため，かえって，しっかりとした規範を求める気持ちが強くなる。そんなときは，数が多いか少ないかではなく，はっきりと自信を持って発言する人の意見を，新しい規範と見るのである。このような点から，モスコビッチは，マイノリティ・インフルエンスは集団が変化していくときの新しい規範の成立，つまり変革の視点となるとしている。

　モスコビッチは，マイノリティ・インフルエンスを実証するため，次のような実験を行っている。実験は4人の集団実験で，やり方はアッシュの集団圧力の実験と同形である。課題は呈示された一つの図形の特徴を一つだけ口頭で順番に言う。答えは形でも色でも大きさでもよい。示される図形は，多種で，いろいろな形，大きさ，色をしている。三角で大きかったり，赤で四角で小さかったりする。参加者は順番に1人ずつ，他の人に聞こえるように答えていく。

　さて，この実験では，集団の4人のうち，1人はサクラの積極的少数者である。課題はいくつも出されるが，積極的少数者はどんな図形が出てきても，常にその図形の色を答える。このように一貫して色で答える人がいる場合，他のメンバーがその意見にどれくらい影響され，色反応をするかを調べた。実験の結果，1人が一貫して自信ありげに色反応をすると，それに影響されて，他のメンバーの色反応が増えることが分かった。少数者影響があることが実証されたのである。

社会的アイデンティティという。そこでは，自己が拡張され，その集団が自分の一部となるのである。そうなると，その集団に対する評価は自分自身への評価にもなる。人は自分を肯定的に評価したいと思うので，自分の属している集団も肯定的に評価しようとする。このため，肯定的社会的アイデンティティが得られるように認知することになる。自分の属している集団（内集団）と，それ以外の集団（外集団）を比較したときこの心理が働き，内集団をより良く評価することになる。また，自分と同じ集団に属している人を，より良く評価することにもなる。これにより内集団ひいきが生まれるのである。この特性は，進化心理学的には，人類の長い部族生活に基づくと考えられる。

2) 外集団認知の錯誤

　電車の中で外国人を見かけたとしよう。最近多くなったとはいえ，やはり目立つものである。ニュースでときどき外国人の犯罪が報じられる。すると，「また，外国人か」と，日本人が同じ犯罪を犯したときとは違った感じを持つ人が多いと思われる。

　このような気持ちが生じる原因の一つは，少数者（日本では外国人は少数）に対する誤った関連づけ，という心理メカニズムが働くからである。それは，人は顕著性の高い人，つまり目立つ人に対して，より極端な判断を下す傾向があることによる。このため，外国人など少数派はそれだけで目立つので，犯罪など極端な事件が生じると，外国人と犯罪が結びつけられてしまい，外国人（少数派）は犯罪（極端な行動）を犯しやすいと見てしまう。この**外集団認知錯誤**の心理が，少数派に対する偏見を生むことにもなる。

3) 外集団同質性知覚

　女性はよく「男の人って，みんな……」と言い，男性を十把一からげにする。男性も同じである。また，若者にもいろいろな若者がいるが，大人は，「最近の若者は……」と同質に見てしまう。このように，ある集団を外から見ると，一つの集団のメンバーは皆同じように見えてしまう。これを**外集団同質性知覚**という。

トピックス 8-4

リスキーな転職を友人にすすめてしまう心理

●ワラックらの討議におけるリスキー・シフトの実験●

一人では行けない怖そうな場所でも、友だちとなら、「行こう！」ということになる。少々リスキーなことも、皆で行えば怖くなくなる。

集団で議論すると、討議内容や結論が、個人で考えているよりも危険に挑むようなリスキーな方向に動く。これを集団討議の**リスキー・シフト**現象と呼ぶ。ワラックらの研究は、この現象を実証するため、実験を行っている。

実験は6人の集団で行われた。部屋に集まった6人はまず、各々、遠く離れて座るように指示される。そして、討議する課題について、前もって参加者個人の意見を記入した。課題は、ある人が人生のなかでどちらにしたらいいか迷うような、12の状況が提出される。その状況はいずれも、それを選択するとリスクを伴うが、もしうまくいけば大きな報酬が得られるような場面である。参加者は、自分が当事者ではなく、誰か別の人が悩んでいて、それにアドバイスする場合を回答する。各場面において、参加者なら、リスキーなほうの選択肢が最低どれくらいの成功率だったら、その人にその選択をすすめるか、というのが質問である。

選択場面としては、①高給だが不安定な仕事への転職、②医学部をやめ、音楽家を目指す、③危険だが完治の可能性のある手術、などである。6人の参加者が個人回答を答え終わると、実験者は6人に近寄って座るように指示する。そして、今度は、各場面について集団で討議して、全員一致の集団の結論を出すように言う。

結論が出て、討議が終わると、再び離れて座り、個人の意見として、12の状況についてどの程度の成功率があったらすすめるのかを再度答えさせた。

集団討議によるリスキー・シフトが見られたかどうかを見るために、各参加者の討議前と討議後の答えを比較した。その結果、12状況中10の状況で、討議後のほうがリスキーな選択のほうに変化していた。集団討議の結果、集団の結論だけではなく、個人の考えもリスキーな方向に動いたのである。

では、なぜ、このような現象が起きるのかというと、集団討議は人と議論するため、個人で考えるときよりも自分の意見をより明確にしなければならないが、そのとき相手の人に対して自分の価値を示すために、より社会的価値のある意見を言おうとするからである。アメリカ文化では野心が尊ばれ、リスキーな選択のほうが高く評価される傾向がある。このため、チャレンジングな方向にシフトしたのである。このことは、もし、社会的価値観が保守的な場合は、討議により、逆に保守的な方向にシフトすることになる。これを**コンサーバティブ・シフト**という。このため、両方を含めて、集団討議による両極化という。

自分の属している集団のなかを見るときは，一人ひとりの違いがよく見え，各々個性的であると知覚するが，外の集団の人たちは一様に見えてしまう。この知覚傾向によって，外集団に容易にレッテルをはってしまう。これが，外集団を極端な傾向のある集団と見なす心理に結びつき，偏見の原因の一つになるのである。

4）フォルス・コンセンサス

映画ファンに，「全国平均で，日本人は映画館に1年に何回行くか」と聞いてみる。読書が好きな人に，「日本人は平均で1年に何冊くらい本を買うか」と聞いてみる。

このような質問に対する当のファンの答えは，たいてい実際の数よりも多い数値になる。これが**フォルス・コンセンサス**（誤った合意）である。人は，自分がやっている行動と同じ行動をとる人たちはかなり多いと考えがちである。また，自分の下した判断は適当で，他の人たちも同じように考えており，賛同が得られる，と考えがちである。なぜそのような過ちをするかと

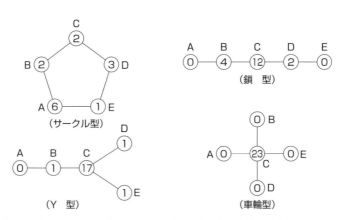

（各数字は，その位置にいる者をリーダーと認知した集団成員の総数を表している）

図　コミュニケーション・ネットワークの型と認知されたリーダー

(Cartwright & Zander, 1960 をもとに作成)

トピックス 8-5

コミュニケーションの中心にいる人がリーダーになりやすい

●リービットのコミュニケーション・ネットワークの実験●

　集団のなかで誰がリーダーになりやすいかと考えたとき，リーダーの資質を持った人がなりやすいと考えるのは自然である。しかし，その人が集団のなかでどのような位置にいるかも，隠れた重要な決定因である。リービットの研究は，集団のなかでコミュニケーションの中心にいる人が，資質に関係なくリーダーになりやすいことを，コミュニケーション・ネットワークの型の実験で明らかにしている。

　この実験は，5人の集団で問題解決することが課題である。ただし，各メンバーは，その集団の構造に合わせて，特定の人とだけコミュニケーションができる。各集団の構造は左頁図に示すように鎖型，Y型，車輪型，サークル型である。課題は集団課題解決で，各回ごとに各メンバーに情報が渡され，それを互いに情報交換することで問題を解決していく。

　この集団実験で，どのような集団構造が効率的か，また成員が満足するかなどを調べた。実験の結果，効率性で見ると，Y型や車輪型のように中心がはっきりとしている型の集団が効率的であった。他方，成員の満足という点から見ると，全員の満足度が高いのはサークル型である。鎖型，Y型，車輪型の場合，ネットワーク上の位置により，大きな差が示された。ネットワーク上，中心の位置にいる人は満足度は高く，周辺のAとかEの位置のメンバーは満足度が低く，不満が募っていた。

　実験はこのようなネットワークで何回かの課題解決をし，終了する。その後，各メンバーに「集団のリーダーは誰でしたか？」という質問をした。その結果，鎖型，Y型，車輪型はネットの中心のC位置の人がリーダーであるという回答が最も多かった。特にリーダーの才能のある人が，Cに位置したわけではない。たまたま，その位置が集団のなかの中心的役割を果たしていたことから，Cがリーダーであると他の人から認められたのである。この実験から中心的ポジションにいる人が，集団のリーダーになりやすいことが明らかにされた。集団のなかでのポジションは，人間関係に大きな影響を与えることを示している。

写真　集団構造の典型的実験状況
（Whittaker, 1970）

いうことについて，ロスの研究は，**自己中心バイアス**の心理が働くからであるとしている。人は，自己評価を高く保つために，自分の行動は正しいと考える。すると，その行動は正しいのだから，他の人も同じ行動をする，と思ってしまう。また，人は自分と同じ考えや行動をする人と，一緒に行動することが多い。その人たちとの会話の内容から，社会全般も同じ考えの人が多いと考えてしまう。身近な人間関係のなかでの判断が，社会的認知錯誤を生じてしまう。このことが，全般的に，あるいは客観的に物事を見ることを難しくしている。このような心理学の知見を時には意識して，自らの考えを振り返りながら，行動することが望まれる。

トピックス 8-6

報酬は仲間内に多く配分する

●オウクスとターナーの社会的アイデンティ理論の実験●

オウクスとターナーの研究は、内集団ひいき性と自己評価の関係について実験を行っている。

実験は12人の集団で行われ、課題はいろいろな場面での意思決定であると説明される。1番目の課題は「絵画の好み」である。画家クレーとカンディンスキーの絵を見て、好むほうを用紙に記入した。ここで実験者は、12人の参加者をクレーを好む集団とカンディンスキーを好む集団に分ける、と宣言した。ただし、同一集団が集まることはない（このような匿名で相互関係のない集団に所属させ、内集団と外集団に分けることを**最小条件集団パラダイム**という）。2番目の課題は「得点配分」の意思決定である。配分の対象者となるのは、この実験に参加している他の参加者である。ただし、匿名で、その人がクレー集団かカンディンスキー集団のどちらかに属しているかの情報だけが与えられた。

得点配分を測定する方法には、タジフィルらにより開発された、報酬配分マトリックスが用いられた。この方法は、図のような2列の数字からなっていて、上が内集団の人に与える報酬、下が外集団の人に与える報酬である。各々に与えたいと思うマトリックスに印を付けるのである。この例でいえば、内集団の74番の人に21ポイント、外集団の44番の人には17ポイントを分配したいということになる。この場合、内集団ひいき性が表れている。

参加者は他の参加者に対する報酬の分配を、このマトリックスを用いて行った。その後、自己評価の質問紙に答えた。

実験の結果、両集団ともに、自分が所属した内集団のメンバーに対して、報酬としてより高いポイントを配分していた。つまり、このような最小条件集団においても、内集団ひいき性が起こることが実証された。さらに、このような内集団報酬分配をした後は、自己評価が高くなっていることが明らかにされた。これは、内集団-外集団というカテゴリー化をする際、内集団のほうが外集団より優れているという肯定的アイデンティが必要になり、その結果、自己評価が高められたと考えられる。

内集団成員
成員番号：<u>74</u>

25	23	21✓	19	17	15	13	11	9	7	5	3	1
19	18	17	16	15	14	13	12	11	10	9	8	7

外集団成員
成員番号：<u>44</u>

図 「報酬分配マトリックス」の例 (Tajfel & Turner, 1979 をもとに作成)

トピックス 8-7

外国人の犯罪は本当に多いのだろうか

●ハミルトンとギフォードの誤った関連づけの実験●

　外国人の犯罪は本当に多いのだろうか。女性ドライバーは本当に下手なのだろうか。社会では，少数者が悪く言われることが多い。これは，人種差別，性差別など偏見によるものであろう。ただ，その原因の一つに，もっと基本的な認知の歪みが関係している。それは，人は，同時に起きた二つの事象の関係について，実際には存在しない対応関係があると思いこみ，誤った推論を下す**誤った関連づけ**という認知を行うからである。

　ハミルトンとギフォードの研究は，集団のメンバー数の多少と，行動頻度の多少という二つのカテゴリーを判断させると，人は無意識に，大集団と多い行動，小集団と少ない行動，という誤った関連づけをするとし，次のような実験を行っている。

　日常生活での比較的望ましい行動 27，比較的望ましくない行動 12 を選び，39 の行動記述を実験材料とした。文章刺激は，「A 集団のジョンは，友人の見舞いで病院に行った」というように，A または B の集団に属する男性の行動記録を示すという形式をとっている。これを次々と 39 枚スライドで映す。そのとき，大きな集団 A と小さな集団 B の構成員の比は，2：1，つまり，A 集団 26 人，B 集団 13 人である。また，それぞれの集団における望ましい行動と望ましくない行動の比は，A, B 集団とも同じで 9：4 である。参加者が 39 の文章刺激をすべて見終わった後，たとえば，ジョンは A, B どちらの集団だったかという成員所属の想起，望ましくない行動の頻度の推定，集団特性の評定の 3 点について回答した。

　所属の想起については，「（　）集団のジョンは友人の見舞いで病院に行った」というように 39 の行動のすべてを提示し，（　）の中に A, B を記入させた。

　その結果，実験上での提示は A, B 集団同じ 9：4 の比率だったにもかかわらず，少数集団の人に望ましくない行動をより多く記入していた。また，集団の評価においても，A 集団の成員が優れていると評価したのに対して，B 集団の成員は劣っていると評価した。このように，A, B 両集団，すべてが等しくなるように刺激の提示をしたにもかかわらず，参加者は大集団と多い行動，小集団と少ない行動との間に誤った関連づけを行い，評価した。この結果は，情報処理過程における認知の歪みが，ステレオタイプの原因となることを示唆している。

文　献

第1章

Berglas, S. & Jones, E. E. (1978) Drug choice as a self-handicapping strategy in response to non-contingent success. *Journal of Personality and Social Psychology*, **36**, 405-417.

Carnegie, D. (1936) *How to win friends and influence people*. Simon & Schuster. 〔山口博訳 (1982) 人を動かす　創元社〕

Fenigstein, A. (1984) Self-consciousness and the over-perception of self as a target. *Journal of Personality and Social Psychology*, **47** (4), 860-870.

Fenigstein, A., Scheier, M. F., & Buss, A. H. (1975) Public and private self-consciousness: Assessment and theory. *Journal of Consulting and Clinical Psychology*, **43** (4), 522-527.

Festinger, L. (1954) A theory of social comparison processes. *Human Relations*, **7**, 117-140.

Greenberg, J. & Pyszczynski, T. (1986) Persistent high self-focus after failure and low self-focus after success: The depressive self-focusing style. *Journal of Personality and Social Psychology*, **50** (5), 1039-1044.

Hass, R. G. (1984) Perspective taking and self-awareness: Drawing and E on your forehead. *Journal of Personality and Social Psychology*, **46** (4), 788-798.

Ickes, W. J. & Barnes, R. D. (1977) The role of sex and self-monitoring in unstructured dyadic interactions. *Journal of Personality and Social Psychology*, **35**, 315-330.

Morse, S. J. & Gergen, K. J. (1970) Social comparison, self-consistency, and the concept of self. *Journal of Personality and Social Psychology*, **16**, 148-156.

Musa, K. E. & Roach, M. E. (1973) Adolescent appearance and self concept. *Adolescence*, **8**, 385-394.

Rosenberg, M. (1965) *Society and the adolescent self-image*. Princeton University Press.

Snyder, M. (1974) Self-monitoring and expressive behavior. *Journal of Personality and Social Psychology*, **30**, 526-537.

Swann, W. B. & Read, S. J. (1981) Self-verification processes: How we sustain our self-conceptions. *Journal of Experimental Social Psychology*, **17**, 351-372.

Taylor, S. E. & Fiske, S. T. (1975) Point of view and perception of causality. *Journal of Personality and Social Psychology*, **32**, 439-445.

Tesser, A. & Paulhas, D. (1983) The definition of self: Private and public self-evaluation maintenance strategies. *Journal of Personality and Social Psychology*, **44**, 672-682.

Wicklund, R. A. & Duval, S. (1971) Opinion change and performance facilitation as a result of objective self-awareness. *Journal of Personality and Social Psychology*, **7**, 319-342.

第2章

Altman, I. & Haythorn, W. W. (1965) Interpersonal exchange in isolation. *Sociometry*, **23**, 411-426.

Altman, I., Vinsel, A., & Brown, B. B. (1981) Dialectic conceptions in social psychology: An application to social penetration and privacy regulation. In L. Berkowitz (Ed.),

Advances in experimental social psychology, Vol. 14. Academic Press.

Asch, S. E. (1946) Forming impressions of personality. *Journal of Personality and Social Psychology*, **41**, 258-290.

Festinger, L. (1954) A theory of social comparison processes. *Human Relations*, **7**, 117-140.

Gergen, K. J., Gergen, M. M., & Barton, W. H. (1973) Deviance in the dark. *Psychology Today*, **10**, 129-130.

Jones, E. E. (1964) *Ingratiation.* Appleton-Century-Crofts.

Jones, E. E., Gergen, K. J., Gumpert, P., & Thibaut, J. W. (1965) Some conditions affecting the use of ingratiation to influence performance evaluation. *Journal of Personality and Social Psychology*, **1**, 613-625.

Kelley, H. H. (1950) The warm-cold variables in first impressions of persons. *Journal of Personality*, **18**, 431-439.

Lee, J. A. (1973) *The colors of love: An exploration of the ways of loving.* New Press.

Levinger, G. A. (1974) Three-level approach to attraction: Toward an understanding of pair relatedness. In T. L. Huston (Ed.), *Foundations of interpersonal attraction.* Academic Press.

Murray, H. A. (1938) *Explorations in personality.* Oxford University Press. 〔外林大作訳編 (1961) パーソナリティ　誠信書房〕

Murstein, B. I. (1972) Physical attraction and marital choice. *Journal of Personality and Social Psychology*, **22**, 8-12.

Rubin, Z. (1975) Disclosing oneself to a stranger: Reciprocitiy and its limits. *Journal of Personality and Social Psychology*, **11**, 233-260.

Schacter, S. (1959) *The psychology of affiliation.* Stanford University Press.

Sternberg, R. J. (1986) A triangular theory of love. *Psychological Review*, **93**, 119-135.

Sternberg, R. J. & Barnes, M. L. (Eds.) (1988) *The psychology of love.* Yale University Press.

第 3 章

Ashton, N. L., Shaw, M. E., & Worsham, A. P. (1980) Affective reaction to interpersonal distances by friends and strangers. *Bulletin of the Psychonomic Society*, **15**, 306-308.

Averill, J. R. (1983) Studies in anger and aggression: Implications for theories of emotion. *American Psychologist*, **38**, 1145-1180.

Barnlund, D. C. (1973) *Public and private self in Japan and the United States.* The Simul Press. 〔西山千訳 (1973) 日本人の表現構造　サイマル出版会〕

Cacioppo, J. I. & Petty, R. E. (1981) Electromyograms as measures of extent and affectivity of information processing. *American Psychologist*, **36**, 441-456.

Carnegie, D. (1936) *How to win friends and infuluence people.* Simmon & Schuster. 〔山口博訳 (1982) 人を動かす　創元社〕

Cook, M. (1970) Experiments on orientation and proxemics. *Human Relations*, **23**, 61-76.

Ekman, P. (Ed.) (1973) *Darwin and facial expression.* Academic Press.

Hall, E. T. (1966) *The Hidden dimension.* Doubleday.

Hess, E. H. (1971) Attitude and pupil size. In R. C. Atkinson, *Contemporary psychology.* Freeman and Company.

Matarazzo, J. D., Saslow, G., Wiens, A. N., Weitman, M., & Allen, B. V. (1964) Interviewer head nodding and interviewee speech durations. *Psychotherapy: Theory, Research and Practice*, **1**, 54-63.

Mehrabian, A. (1972). *Nonverbal communication*. Aldine-Atherton.

Sommer, R. (1965) Further studies in small group ecology. *Sociometry*, **28**, 337-348.

第4章

Aronson, E. & Linder, D. (1965) Gain and loss of esteem as determinants of interpersonal attractiveness. *Journal of Expimental Social Psychology*, **1**, 156-171.

Byrne, D. & Nelson, D. (1965) Attraction as a linear function of proportion of positive reinforcements. *Journal of Personality and Social Psychology*, **1**, 659-663.

Carnegie, D. (1936) *How to win friends and infuluence people*. Simmon & Schuster. 〔山口博訳 (1982) 人を動かす　創元社〕

Dutton, D. G. & Aron, A. P. (1974) Some evidence for heightened sexual attraction under conditions of high anxiety. *Journal of Personality and Social Psychology*, **30**, 510-517.

Heider, F. (1958) *The Psychology of interpersonal relations*. John Wiley. 〔大橋正夫訳 (1978) 対人関係の心理学　誠信書房〕

Homans, G. C. (1961) *Social behavior: Its elementary forms*. Harcourt Brace Jovanorich.

Newcomb, T. M. (1960) The varieties of interpersonal attraction. In D. Cartwright & A. Zander (Eds.), *Group Dynamics*. 2nd ed. Row Peterson.

Schacter, S. (1964) The interaction of cognitive and physiological determinants of emotional state. In L. Berkowitz (Ed.), *Advances in experimental social psychology, Vol. 1*. Academic Press.

Segal, M. W. (1974) Alphabet and attraction: An unobtrusive measure of the effect of propinquity in a field setting. *Journal of*

Personality and Social Psychology, **30**, 654-657.

Seyfried, B. A. & Hendrick, C. (1973) When do opposites attract? When they are opposite in sex and sex-role attitudes. *Journal of Personality and Social Psychology*, **25**, 15-20.

Walster, E. (1965) The effect of self-esteem on romantic liking. *Journal of Personality and Social Psychology*, **1**, 184-197.

Walster, E., Aronson, V., Abrahams, D., & Rottmann, L. (1966) Importance of physical attractiveness in dating behavior. *Journal of Personality and Social Psychology*, **4**, 508-516.

Zajonc, R. B. (1968) Attitudinal effects of mere exposure. *Journal of Personality and Social Psychology, Monograph Supplement*, **9**, 1-27.

第5章

Baron, R. A. & Byrne, D. (1977/1984) *Social psychology: Understanding human interaction*. Allyn & Bacon.

Batson, C. D., Duncan, B. D., Ackerman, P., Buckley, T., & Birch, K. (1981) Is empathic emotion a source of altruistic motivation? *Journal of Personality and Social Psychology*, **40**, 290-302.

Baum, A., Fisher, J. P., & Singer, J. E. (1985) *Social psychology*. Random House.

Cialdini, R. B., Darby, B. L., & Vincent, J. E. (1973) Transgression and altruism: A case for hedonism. *Journal of Experimental Social Psychology*, **9**, 502-516.

Cialdini, R. B., Schaller, M., Houlainhan, D., Arps, K., Fultz, J., & Geaman, A. L. (1987) Empathy-based helping: Is it selflessly or selfishly motivated? *Journal of Personality and Social Psychology*, **52**, 749-758.

Cunningham, M. R., Steinberg, J., & Grev, R.

(1980) Wanting to and having to help: Separate motivations for positive mood and guilt-induced helping. *Journal of Personality and Social Psychology*, **38**, 181-192.

Darley, J. M. & Latané, B. (1968) Bystander intervention in emergencies: Diffusion of responsibility. *Journal of Personality and Social Psychology*, **8**, 377-383.

Festinger, L. (1957) A *theory of cognitive dissonance*. Row Peterson. 〔末永俊郎監訳 (1965) 認知的不協和の理論—社会心理学序説　誠信書房〕

Gergen, K. J., Ellsworth, P., Maslach, C., & Seipel, M. (1975) Obligation, donor resources, and reactions to aid in three cultures. *Journal of Personality and Social Psychology*, **31**, 390-400.

Gouldner, A. W. (1960) The norm of reciprocity: A preliminary statement. *American Sociological Review*, **25**, 161-178.

Jecker, J. & Landy, D. (1969) Liking a person as a function of doing him a favour. *Human Relations*, **22**, 371-378.

Latané, B. & Darley, J. M. (1968) Group inhibition of bystander intervention in emergencies. *Journal of Personality and Social Psychology*, **10**, 215-221.

Latané, B. & Wolf, S. (1981) The social impact of majorities and minorities. *Psychological Review*, **88**, 438-453.

Mathews, K. E. Jr. & Canon, L. K. (1975) Environmental noise level as a determinant of helping behavior. *Journal of Personality and Social Psychology*, **32**, 571-577.

Williams, K. B. & Williams, K. D. (1983) Social inhibition and asking for help: The effects of number, strength, and immediacy of potential help givers. *Journal of Personality and Social Psychology*, **44**, 67-77.

第6章

Freedman, J. L. & Fraser, S. C. (1966) Compliance without pressure: The foot-in-the-door technique. *Journal of Personality and Social Psychology*, **4**, 195-202.

French, J. R. P. Jr. & Raven, B. H. (1959) The bases of social power. In D. Cartwright (Ed.), *Studies in social power*. University of Michigan Press.

Kipnis, D. (1972) Does power corrupt? *Journal of Personality and Social Psychology*, **24**, 33-41.

Milgram, S. (1974) *Obedience to authority*. Harper & Row. 〔岸田秀訳 (1995) 服従の心理—アイヒマン実験　河出書房新社〕

Mulder, M. & Wilke, H. (1970) Participation and power equalization. *Organizational Behavior and Human Performance*, **5**, 430-448.

Zimbardo, P. G., Haney, C., Banks, W. C., & Jaffe, D. (1977) The psychology of imprisonment: Privation, power and pathology. In J. C. Brigham & L. S. Wrightsman, (Eds.) *Contemporary issues in social psychology*. 3rd ed. Cole Publishing Company.

第7章

Averill, J. R. (1983) Studies on anger and aggression: Imprication for theories of emotion. *American Psychologist*, **38**, 1145-1160.

Bandura, A. (Ed.) (1971) *Psychological modeling: Conflicting theories*. Atherton. 〔原野広太郎・福島脩美訳 (1975) モデリングの心理学　金子書房〕

Bandura, A., Ross, D., & Ross, S. (1963) Imitation of film-mediated aggressive models. *Journal of Abnormal and Social Psychology*, **66**, 3-11.

Baron, R. A. & Byrne, D. (1977/1984) *Social psychology: Understanding human interaction.* Allyn & Bacon.

Berkowitz, L. & Geen, R. G. (1966) Film violence and cue properties of available target. *Journal of Personality and Social Psychology,* **3**, 525-530.

Buss, A. H. (1971) Agression pays. In I. J. L. Singer (Ed.), *The control of aggressionand violence.* Academic Press.

Deutsch, M. (1973) *The resolution of conflict: Constructive and destructive processes.* Yale University Press.

Deutsch, M. & Krauss, R. M. (1960) The effect of threat upon interpersonal bargainning. *Journal of Personality and Social Psychology,* **61**, 181-189.

Dollard, J., Doob, L. W., Miller, N. E., Mowrer, O. H., & Sears, R. R. (1939) *Frustration and aggression.* Yale University Press. 〔宇津木保訳 (1959) 欲求不満と暴力 誠信書房〕

Freud, S. (1917) *Vorlesungen zür Einführung in die Psychoanalyse.* 〔懸田克躬・高橋義孝訳 (1971) 精神分析学入門 フロイト著作集 1 人文書院〕

Lorentz, K. (1966) *On aggression.* Brace & World.〔日高敏隆・久保和彦訳 (1970) 攻撃―悪の自然誌 みすず書房〕

Milgram, S. (1974) *Obedience to authority.* Harper & Row.〔岸田秀訳 (1995) 服従の心理―アイヒマン実験 河出書房新社〕

Raven, B. H. & Eachus, H. T. (1963) Cooperation and competition in means-interdependent triads. *Journal of Abnormal and Social Psychology,* **67**, 307-316.

Raven, B. H. & Rubin, J. Z. (1983) *Social psychology.* 2nd ed. John Wiley & Sons.

Schachter, S. (1964) The interaction of cognitive and physiological determinants of emotional state. In L. Berkowitz (Ed.), *Advances in experimental social psychology, Vol 1.* Academic Press.

Zillman, D., Katcher, A. H., & Milavsky, B. (1972) Excitation tranfer from physical exercise to subsequent aggressive behavior. *Journal of Experimental Social Psychology,* **8**, 247-259.

第 8 章

Asch, S. E. (1951) Effects of group pressure upon the modification and distortion of Judgments. In H. Guetzkow (Ed.), *Groups, leadership, and men.* Carnegie Press.

Baron, R. A. & Byrne, D. (1977/1984) *Social psychology: Understanding human interaction.* Allyn & Bacon.

Cartwright, D. & Zander, A. (Eds.) (1953) *Group dynamics: Research and theory.* Harper & Row.〔三隅二不二訳編 (1959) グループダイナミックス 誠信書房〕

Fiedler, F. E. (1967) *A theory of leadership effectiveness.* McGraw-Hill.

Hamilton, D. L. & Gifford, R. K. (1976) Illusory correlation in interpersonal perception: A cognitive basis of stereotypic judgments. *Journal of Experimental Social Psychology,* **12**, 392-407.

Leavitt, H. J. (1951) Some effects of certain communication patterns on group performance. *Journal of Abnormal and Social Psychology,* **46**, 38-50.

Lewin, K., Lippitt, R., & White, R. K. (1939) Patterns of aggressive behavior in experimentally created 'socialclimates'. *Journal of Social Psychology,* **10**, 271-299.

Marrow, A. J. (1969) *The practical theorist: The life and work of Kurt Lewin.* Basic Books.〔望月衛・宇津木保訳 (1972) クルト・レヴィン―その生涯と業績 誠信書房〕

Moscovici, S. (1976) *Social influence and*

social change. Academic Press.

Oakes, P. J. & Turner, J. C. (1980) Social categorization and intergroup behavior: Does minimal intergroup discrimination make social identity more positive? *European Journal of Social Psychology,* **10**, 295-301.

Ross, L. (1977) The intuitive psychologist and his shortcomings: Distortions in the attribution process. In L. Berkowitz (Ed.), *Advances in experimental social psychology, Vol.10.* Academic Press.

Tajfel, H. & Turner, J. C. (1979) An integrative theory of intergroup conflict. In W. Austin & S. Worchel (Eds.), *The social psychology of intergroup relations.* Brooks/Cole.

Turner, J. C. (1975) Social comparison and social identity: Some prospects for intergroup behavior. *European Journal of Social Psychology,* **5**, 5-34.

Wallach, M. A., Kogan, N., & Bem, D. J. (1962) Group influence on individual risk-taking. *Journal of Abnormal and Social Psychology,* **65**, 75-86.

White, R., Lipitt, R. et al. (1953) Leader behavior reaction in three 'social climates'. In D. Cartwright & A. Zander (Eds.), *Group dynamics.* Haper & Row. 〔三隅二不二訳編 (1959) グループダイナミックス　誠信書房〕

Whittaker, J. O. (1970) *Introduction to psychology.* Saunders.

・人は、自分の行為へ「自己中心バイアス」P146
・ゲシュタルト心理学へ「初頭」P24
・自分と同じ集団に～「内集団ひいき性」P140
・抑うつ配意識へ「自己への意識」P15
・援助行動が抑制へ「責任」P80
・未知の2人が出会い～「価値」P35
・好意の実験において～「獲得-損失」P61
・人には相手によって～「3」P50
・バスな攻撃行為を～「言語」
・レヴィンによる～「民主」P137

・表情との関連性へ「幸福」P41
・自分自身の外見を強く～「公的自意識」P4
・自意識が2つへ「公的自意識」P4
・男性は瞳孔が～「開い」P45
・対人行動を大きく「攻撃」P96～
・集団心理学では「変革型」P139
・愛を3つの構成要素へ「情熱」「友愛」P36～
・人は援助を後ほどする～「勢力」P94
・集団力の理論から～「目標」P133
・集団とり自然に～「集団斉一性」P134

°フラストレーションの攻撃説 P118

°ハイダーのバランス理論 P62、65

○援助する心理的理由 P84～

e フレンチ・レイヴン社会的勢力 P96

○攻撃本能説 P116

○フィードラーの状況対応理論 P138～

事項索引

ア 行

アイ・コンタクト　*46*
愛の三角理論　*36*
アイヒマンの心理　*107*
誤った関連づけ　*148*
威嚇　*130*
怒りの情緒　*117*
eコミュニケーション　*54*
印象管理　*29*
印象形成　*24*
うなずき　*43*
栄光浴　*20*
SVR理論　*35*
援助行動　*78*
　　──の5段階　*80*
援助する心理的理由　*84*
援助欲求　*78*

カ 行

外見的魅力　*68*
開示オープナー　*32*
外集団同質性知覚　*142*
外集団認知錯誤　*142*
観察学習　*120, 123*
基本的情緒　*41*
客体的自己注視　*2*
共栄関係　*129*
共感的利他主義理論　*86, 87*
強制的勢力　*97*
共貧関係　*129*
空間心理　*49*
グループ・ダイナミクス　*132*
ゲシュタルト心理学　*24*
権威への対抗　*111*
嫌悪感　*74*
　　──報復性　*76*
嫌悪的人間関係　*74*

言語的コミュニケーション　*40, 52*
顕著性　*11*
権力者の堕落　*101*
好意の獲得-損失効果　*61*
好意の互恵性　*60, 61*
好意の成立条件　*58*
好意の返報性　*60*
攻撃学習説　*120*
攻撃行動　*114*
　　──観察学習　*123*
　　──起因の諸理論　*116*
　　言語的──　*115*
　　身体的──　*114*
攻撃手掛かり説　*120, 121*
攻撃本能説　*116*
興奮転移理論　*119*
互恵性の原理　*84*
コミュニケーション・ネットワーク　*145*
コンサーバティブ・シフト　*143*

サ 行

最小条件集団パラダイム　*147*
ジェスチャー　*42*
自己意識　*2, 3, 4*
　　──特性スケール　*6*
　　──理論　*2*
　　公的──　*4, 6*
　　私的──　*4*
　　抑うつ的──スタイル　*5*
自己開示　*29, 30, 33*
　　──の互恵性　*33*
　　──のレベル　*30*
自己確認過程　*15, 16*
自己是認欲求　*60*
自己中心バイアス　*144*
自己注目　*2*

自己呈示　29
　　自己高揚的――　29
　　自己卑下的――　29
自己ハンディ化方略　9
自己評価　8, 13, 66
　　――維持モデル　18, 19, 20
　　――スケール　8
　　状態――　10
　　特性――　8
自己標的バイアス　7
自己防衛的動機　14
自尊心　8
自尊理論　69
社会的アイデンティティ理論　140, 142,
　147
社会的インパクト理論　92, 93
　　――の3要因　94
社会的学習理論　86, 123
社会的交換理論　64, 73, 86
社会的構築主義理論　47, 122
　　攻撃の――　122
社会的浸透理論　36
社会的勢力　96
　　――の六つの基盤　97
社会的比較　10, 12, 13
　　――過程理論　24
　　自己評価の――　13
　　能力評価の――　12
社会的リアリティ　14
囚人のジレンマ　129
集団圧力　134
集団凝集性　133
集団斉一性　134
集団的抑制　83
集団力学　132
準拠的勢力　102
情況対応理論　138
情緒の生理・認知説　75
情報的勢力　104, 106
初頭効果　24

身体的接触　53
親密化　32
親密度の4段階発達論　32, 34
心理的瞳孔　45
心理的報酬　64
親和行動　22, 25
親和欲求　22, 23
スポットライト効果　7
精神分析学　116
正当的勢力　102
勢力行使　97
責任の分散　81, 82
セルフ・ハンディキャッピング　9
セルフ・モニタリング　16, 17
　　――スケール　18
専制的リーダー型　137
専門的勢力　104
相互依存関係　127
　　プラスの――　125, 126
　　マイナスの――　125, 126
相補性　62
　　性格的――　66
　　性差の――　67

タ　行

第一印象　24, 27
対人距離　48, 51
対人態度　44
対立的行動　124
対立的状況　124
タッチング・マップ　53
単なる接触の効果　59, 73
ドア・イン・ザ・フェイス法　103
同調行動　134, 135
トラッキング・ゲーム　130
取り入り　31

ナ　行

内集団ひいき性　140
二段階要請法　103

事項索引　　157

認知的不協和理論　73, 89, 90
ネガティブ・コミュニケーション　55

ハ　行

パーソナルスペース　48, 50
パラ・ランゲージ　44
バランス理論　62, 65
反射の心理　20
比較行動学　116
比較の心理　20
非言語的コミュニケーション　40, 42
表情筋　44
　　──の活動　46
表情判断　41
フォルス・コンセンサス　14, 144
服従実験　108, 109
服従の心理　97, 106
フット・イン・ザ・ドア法　103
フラストレーション攻撃説　118
文化相対論的視点　29
平均以上効果　10
変革型リーダー　139
傍観者効果　79, 81
　　援助抑制の──　80
報酬的勢力　100

ポジティブ・イリュージョン　10
ボディ・ランゲージ　42

マ　行

マイノリティ・インフルエンス　141
マッチング理論　71
民主的リーダー型　137
模擬刑務所実験　99
モデリング　120, 123

ヤ　行

予測の自己実現　26, 28

ラ　行

利己的援助理論　88
リスキー・シフト　143
リーダー期待説　138
リーダー才能説　136
リーダーシップ　134
　　──効率性の4条件　139
　　──集団機能説　138
　　──の型　137
類似性　62
　　──効果　63
恋愛の6類型　38

人名索引

ア 行

アイクス（Ickes, W. J.）　*17*
アシュトン（Ashton, N. L.）　*51*
アッシュ（Asch, S. E.）　*24, 135*
アルトマン（Altman, I.）　*29, 32, 36*
アロン（Aron, A. P.）　*75*
アロンソン（Aronson, E.）　*60, 61*
イークス（Eachus, H. T.）　*127*
ウイックランド（Wicklund, R. A.）　*4*
ウィリアムズ（Williams, K. B.）　*93, 94*
ウィルク（Wilke, H.）　*105*
ウォルスター（Walster, E.）　*69, 71*
エイヴェリル（Averill, J. R.）　*47, 117, 124*
エクマン（Ekman, P.）　*41*
オウクス（Oakes, P. J.）　*147*

カ 行

ガーゲン（Gergen, K. J.）　*13, 14, 25, 85*
カシオッポ（Cacioppo, J. I.）　*46*
カニンガム（Cunningham, M. R.）　*91*
カーネギー（Carnegie, D.）　*54, 60*
ギフォード（Gifford, R. K.）　*148*
キプニス（Kipnis, D.）　*101*
クック（Cook, M.）　*49*
クラウス（Krauss, R. M.）　*130*
グリーンバーグ（Greenberg, J.）　*5*
グルドナー（Gouldner, A. W.）　*84*
ケリー（Kelley, H. H.）　*27*

サ 行

ザイアンス（Zajonc, R. B.）　*59*
ジェッカー（Jecker, J.）　*88, 89*
シーガル（Segal, M. W.）　*73*
シャクター（Schacter, S.）　*22, 23, 75, 119*
ジョーンズ（Jones, E. E.）　*9, 31*

（右段）

ジルマン（Zillman, D.）　*119*
ジーン（Geen, R. G.）　*120, 121*
ジンバルド（Zimbardo, P. G.）　*99*
スタンバーグ（Sternberg, R. J.）　*32, 36*
スナイダー（Snyder, M.）　*16*
スワン（Swann, W. B.）　*15, 16*
セイフリード（Seyfried, B. A.）　*67*
ソマー（Sommer, R.）　*49*

タ 行

ダットン（Dutton, D. G.）　*75*
ターナー（Turner, J. C.）　*147*
ダラード（Dollard, J.）　*118*
ダーリー（Darley, J. M.）　*79, 81, 83*
チャルディーニ（Cialdini, R. B.）　*88*
テッサー（Tesser, A.）　*19, 20*
デュバル（Duval, S.）　*4*
テーラー（Taylor, S. E.）　*10, 11*
ドイッチ（Deutsch, M.）　*129, 130*

ナ 行

ニューカム（Newcomb, T. M.）　*59*
ネルソン（Nelson, D.）　*62, 63*

ハ 行

ハイダー（Heider, F.）　*62, 65*
バーグラス（Berglas, S.）　*9*
バーコウィッツ（Berkowitz, L.）　*120, 121*
ハス（Hass, R. G.）　*3*
バス（Buss, A. H.）　*72, 114*
バトソン（Batson, C. D.）　*86, 87*
ハミルトン（Hamilton, D. L.）　*148*
バーン（Byrne, D.）　*62, 63*
バーンズ（Barnes, R. D.）　*17*
バンデュラ（Bandura, A.）　*123*
バーンランド（Barnlund, D. C.）　*53*

人名索引　　*159*

ピジンスキー（Pyszczynski, T.）　*5*
フィスク（Fiske, S. T.）　*11*
フィードラー（Fiedler, F. E.）　*138*
フェスティンガー（Festinger, L.）　*12,
14, 24, 89, 90*
フェニグスタイン（Fenigstein, A.）　*6,
7*
フリードマン（Freedman, J. L.）　*103*
フレイジャー（Fraser, S. C.）　*103*
フレンチ（French, J. R. P. Jr.）　*97*
フロイト（Freud, S.）　*116, 118*
ヘス（Hess, E. H.）　*45*
ペティ（Petty, R. E.）　*46*
ヘンドリック（Hendrick, C.）　*67*
ホマンズ（Homans, G. C.）　*59*
ポーラス（Paulhas, D.）　*19*

マ 行

マースタイン（Murstein, B. I.）　*32, 35*
マタラゾ（Matarazzo, J. D.）　*43*
マーラビアン（Mehrabian, A.）　*42, 44*
マルダー（Mulder, M.）　*105*
マレー（Murray, H. A.）　*22*
ミルグラム（Milgram, S.）　*106, 107,*
108, 109, 100, 111
ムーサ（Musa, K. E.）　*14*
モース（Morse, S. J.）　*13, 14*
モスコビッチ（Moscovici, S.）　*141*

ラ 行

ラタネ（Latané, B.）　*79, 81, 83, 92*
ランディ（Landy, D.）　*88, 89*
リー（Lee, J. A.）　*37, 38*
リード（Read, S. J.）　*15, 16*
リービット（Leavitt, H. J.）　*145*
リンダー（Linder, D.）　*60, 61*
ルービン（Rubin, J. Z.）　*33, 124, 126*
レイブン（Raven, B. H.）　*97, 124, 126,*
127
レヴィン（Lewin , K.）　*132, 137*
レヴィンガー（Levinger, G. A.）　*32*
ロス（Ross, L.）　*144*
ローチ（Roach, M. E.）　*14*
ロレンツ（Lorentz, K.）　*116*

ワ 行

ワラック（Wallach, M. A.）　*143*

著者紹介

齊藤　勇（さいとう　いさむ）

1943 年　山梨県南アルプス市に生まれる
1972 年　早稲田大学大学院文学研究科博士課程単位取得
現　在　立正大学名誉教授
　　　　大阪経済大学客員教授
　　　　ミンダナオ国際大学客員教授
　　　　日本ビジネス心理学会長
　　　　文学博士
主　著　「対人感情の心理学」誠信書房,「日本人の自己呈示の社会心理
　　　　学的研究」誠信書房,「対人心理の分解図」誠信書房,「人間関
　　　　係の分解図」誠信書房,「イラストレート心理学入門」誠信書房,
　　　　「人間関係の心理学」（編）誠信書房,「対人社会心理学重要研究
　　　　集」（編）誠信書房,「図説社会心理学入門」（編）誠信書房,「恋
　　　　愛心理学」ナツメ社,「心理分析ができる本」三笠書房,「人間
　　　　関係の秘訣はカーネギーに聞け」三笠書房

イラストレート　人間関係(にんげんかんけい)の心理学(しんりがく) ［第 2 版］

2000 年 8 月 10 日　初　版第 1 刷発行
2015 年 1 月 25 日　初　版第16刷発行
2015 年 11 月 25 日　第 2 版第 1 刷発行
2018 年 5 月 15 日　第 2 版第 4 刷発行

著　　者　　齊　藤　　勇

発 行 者　　柴　田　敏　樹

印 刷 者　　日　岐　浩　和

発 行 所　株式会社　誠　信　書　房
〒112-0012　東京都文京区大塚 3-20-6
TEL　03 (3946) 5666
http://www.seishinshobo.co.jp/

© Isamu Saito, 2000, 2015　　　印刷所／中央印刷　製本所／イマヰ製本所
検印省略　　　落丁・乱丁本はお取り替えいたします
ISBN 978-4-414-30006-2　C1011　　　Printed in Japan

JCOPY ＜(社)出版者著作権管理機構　委託出版物＞
本書の無断複写は著作権法上での例外を除き禁じられています。
複写される場合は, そのつど事前に, (社)出版者著作権管理機構
（電話 03-3513-6969, FAX 03-3513-6979, e-mail: info@jcopy.or.jp)
の許諾を得てください。

イラストレート心理学入門 [第2版]

齊藤　勇著

むずかしい心理学の理論を領域ごとに整理し、わかりやすく解説した入門書として、毎年増刷を重ねてきた好評のロングセラーの改訂版。入門的な内容は踏襲しつつ、人間関係や組織などの社会心理学、スクールカウンセラーなど近年注目されている臨床心理学の2章分を新たに追加した。また、様々な実験を分かりやすい読み物にしたトピックスも、25点追加。心理学についてオールラウンドな知識を身につけることができる。

目　次
第1章　知覚と認知の心理
第2章　感情と情緒の心理
第3章　欲求と動機の心理
第4章　学習と記憶の心理
第5章　性格と臨床の心理
第6章　無意識と深層の心理
第7章　発達と成長の心理
第8章　自己と対人の心理
第9章　社会と組織の心理

A5判並製　定価(本体1500円＋税)

図説 社会心理学入門

齊藤　勇編著

好評の『図説心理学入門』の姉妹編。豊富な図版と約100点のトピックスで、社会心理学を初めて学ぶ人にもわかりやすく、楽しく読み進められるように編集した。本書は、自己、人間関係、集団、文化と大きく四分野に分け、小さな社会から大きな社会へと視点を移せるよう構成し、また、社会心理学の研究方法や主要な理論的背景にも言及した、社会心理学の入門書。

目　次
序　章　社会心理学とは
第1章　自己と社会心理
第2章　性格・態度と社会心理
第3章　対人行動と社会心理
第4章　集団と社会心理
第5章　文化と社会心理
付　章　社会心理学の応用

A5判並製　定価(本体2800円＋税)